经典全景二战丛书

大漠狼烟

田树珍／编著

民主与建设出版社
·北京·

© 民主与建设出版社，2023

图书在版编目（CIP）数据

大漠狼烟 / 田树珍编著 . -- 北京：民主与建设出版社，2019.7（2023.4重印）

（经典全景二战丛书）

ISBN 978-7-5139-2500-6

Ⅰ.①大… Ⅱ.①田… Ⅲ.①第二次世界大战战役—史料—北非 Ⅳ.① E195.2

中国版本图书馆 CIP 数据核字（2019）第 103058 号

大漠狼烟
DAMO LANGYAN

编　　著	田树珍
责任编辑	刘　芳
封面设计	亿德隆文化
出版发行	民主与建设出版社有限责任公司
电　　话	（010）59417747　59419778
社　　址	北京市海淀区西三环中路 10 号望海楼 E 座 7 层
邮　　编	100142
印　　刷	三河市天润建兴印务有限公司
版　　次	2020 年 5 月第 1 版
印　　次	2023 年 4 月第 2 次印刷
开　　本	710 毫米 ×1000 毫米　1/16
印　　张	18
字　　数	240 千字
书　　号	ISBN 978-7-5139-2500-6
定　　价	49.80 元

注：如有印、装质量问题，请与出版社联系。

目　录

第一章
意军入侵非洲
墨索里尼入侵非洲 / 002

魔爪伸向北非 / 011

非洲大陆一败再败 / 016

求助柏林 / 030

第二章
"非洲军团"出动
希特勒三易统帅 / 038

"沙漠之狐"隆美尔 / 041

重燃北非战火 / 048

北非发威 / 052

德意联军围攻托布鲁克 / 063

第三章
德军转战北非
"战斧"计划 / 072

"十字军战士行动" / 080

德军撤出昔兰尼加 / 086

第四章
德军掀起沙漠风暴

轻取班加西 / 096

全线突破加扎拉 / 101

强占托布鲁克 / 106

夺取马特鲁 / 113

进抵阿拉曼 / 118

"非洲军团"喘息之机 / 125

第五章
鏖战阿拉曼

蒙哥马利横空出世 / 136

隆美尔设防卡塔腊 / 145

英军发动粉碎性进攻 / 154

德军全线撤离阿拉曼 / 164

德意联军被迫退出埃及 / 173

第六章
兵制地中海

墨索里尼出兵地中海 / 182

海空合力激战马耳他 / 187

意潜艇封锁直布罗陀 / 199

德意海军丧失制海权 / 208

意海军陷入死亡航线 / 212

意大利海军走向毁灭 / 223

第七章
德军千里大溃逃

隆美尔又添新对手 / 236

隆美尔告别的黎波里 / 246

德意联军退守突尼斯 / 252

隆美尔的最后一搏 / 259

溃逃途中加贝斯遭重创 / 264

再遇"拳击家" / 272

第一章
意军入侵非洲

墨索里尼入侵非洲

墨索里尼说:"长大后,我要领导意大利。"

1883年7月29日,墨索里尼出生于意大利东北部乡村的石屋中。他的父亲亚历山大·墨索里尼是社会党人,是个贫困潦倒的铁匠。黑索里尼看到那些养尊处优的富人,发誓说:"总有一天,会让他们给我让出一块空地。"几十年后,他说:"饥饿是良师益友,激励人奋进的作用不亚于监狱和敌人。"

墨索里尼身强力壮,聪明过人,是村里公认的"孩子王"。

1890年,墨索里尼到邻村去上学,他的聪明是出众的。教师们都夸他是栋梁之材。在老师们的教诲下,他开始用功学习。有一次口试,他说了半个小时,教员只打了零分,但夸他的口才好。放假时,他经常练习演讲。母亲问他为什么,他说:"长大后,我要领导意大利。"

墨索里尼在福林波波利的师范学校毕业后,在哥尔替瑞的一个地方谋到了乡村小学校长的位置。他教了一年书后,决心到各国去实地考察。

1902年,墨索里尼先到基亚索,又到瑞士西部。

在瑞士,他当过泥瓦匠、脚夫、缝工、帮厨等,对搞建筑很感兴趣。墨索里尼既不借债,也不向他人乞求,靠自己的劳动维持生活。他经常到洛桑大学旁听政治经济学和哲学课。

墨索里尼有时在公众场合发表演说,因得罪了瑞士当局,被赶回意大利。墨索里尼参加了巴萨列里奥的联队,士兵们的帽子上都有绿彩羽毛。长官突然通知他:母亲病危!墨索里尼赶头班车回去。回家后不久母亲就死去了。墨索里尼悲痛万分,他写信给军中的一位朋友说:"我代表家人,

墨索里尼在演讲

谢谢你的好意。我应该服从母亲的教诲，好好当兵，才可以救国。"

墨索里尼在部队服役期满后，再次来到瑞士。他经常给意大利、瑞士报纸写文章，在大庭广众下演说"社会主义"，得到很多人的欢迎。墨索里尼研究了帕雷托的著作后，反对全民政治："全民政治实行起来，人的个性发展会受到限制。"他喜欢尼采和索雷尔的哲学。

一次，法国社会主义者绍雷斯在日内瓦做关于基督主义的演说。墨索里尼举手表示反对,激起了群众的公愤。墨索里尼大喊:"我也有发表意见的权利。"绍雷斯让大家安静,让墨索里尼发表意见。

墨索里尼讲教会对于罗马帝国的罪恶,条理分明,赢得了观众的掌声。但瑞士警察局把他赶出国境。

1908年,墨索里尼来到奥地利,在《特伦托新闻报》当编辑,后在《人民报》当助理编辑。《人民报》是巴蒂斯蒂创办的。巴蒂斯蒂劝特伦托人民脱离奥地利。墨索里尼利用报纸抨击奥地利的宗教势力,主张恢复意大利已经失去的国土。不久墨索里尼被捕入狱,被驱逐出境。

墨索里尼回到弗利,决心办报纸,争取民心。报纸名为《阶级斗争报》,是弗利社会党的机关报。

1912年,意大利社会党在勒佐伊弥利亚举行全国代表大会,人们推举墨索里尼当《前进报》的总编辑。

墨索里尼接管《前进报》后,报纸发行量猛增到10万多份。党员由5万人发展到15万人。

1914年11月,意大利社会党在米兰开会。墨索里尼在台上说:"从此,我与不主张参战的人势不两立。"人们大喊:"打死他!打死他!"墨索里尼说:"诸位可以赶我出去,但不能赶我的思想出去,现在参战有利于扩大意大利的国土!"几天后,社会党开除墨索里尼的党籍,撤销他的总编辑职务。

11月15日,在资产阶级朋友的捐助下,墨索里尼的《意大利人民报》问世了。墨索里尼引用了两句名言,一个是布朗基说的:"谁有铁拳,谁就有面包。"一个是拿破仑说的:"革命是一种理想,需要用刀枪维持。"

墨索里尼说:"意大利有很多没有收复的国土,只能靠流血来收复河山。"墨索里尼认为,意大利人往往装聋作哑,总希望别人替他吃苦冒险。

墨索里尼成为主战派的首领,成为垄断资产阶级侵略扩张的代言人。

但早在开战前,意大利与德、奥已经结盟。为了撕毁盟约,墨索里尼

一战时期与奥匈帝国作战的意大利炮兵

创建了革命同志会。1915年1月,革命同志会成员达到5000多人。一次,墨索里尼对他们说:"各位都是血气方刚的青年,是能干大事的人。我要意大利参战有两个目的:打倒奥匈帝国,收复意大利的河山;把法西斯思想传播到俄、德两国。这对于世界革命是有贡献的。"

4月11日,墨索里尼在罗马被捕,几天后被释放。5月15日,墨索里尼发表社论说:"意大利到了生死存亡关头,人民应该自己决定。或者是战争,或者是革命。"此举得到了意大利著名诗人邓南遮的响应,呼吁意大利支持英、法,反对德、奥。一时间意大利人民沸腾了。

1915年3月,奥匈帝国表示愿意交出小部分领地,作为对意大利保持中立的报酬,但领地不多,又不能马上兑现。意大利除了要特兰提诺、提罗尔、的里雅斯特、伊斯特利亚和达尔马提亚沿岸等地外,还要阿尔巴尼亚中部、非洲的一些殖民地和一些土耳其领地。英、法、俄三国立即同意了意大利的要求。

1915年5月23日,萨兰德拉出任意大利首相,对德、奥宣战。

在战场上，墨索里尼奋勇顽强，一次战斗中他受了重伤，先后动了27次手术，从身上取出44个弹片。

墨索里尼于1919年3月，成立"战斗的法西斯党"。垄断资产阶级支持墨索里尼建立专政来巩固地位。"战斗的法西斯党"得到了英、美垄断组织和梵蒂冈基督教会的大力支持。墨索里尼为了招募拥护者，展开民族沙文主义的煽动性宣传。"战斗的法西斯党"诞生后，他们对革命团体和工人阶级进行了恐怖活动。

墨索里尼制定了党旗、党徽。意大利法西斯党的标志是一束棒子捆在一起，中间捆着斧头。法西斯党规定必须行罗马式敬礼，墨索里尼用"信仰、服从、战斗"，代替"自由、平等、博爱"。

主战者、退伍军人、暴徒、军官和阿尔地特手榴弹大刀队，纷纷投奔墨索里尼。

法西斯党规定：必须服从墨索里尼的命令，不准空口说白话；要不顾一切地去为胜利而战，等等。

当时不满情绪在意大利社会各界人士中蔓延着，250万军人复员后，造成普遍失业，经济大衰退。意大利人认为，参战时英、法等国与意大利签订密约答应把一些奥匈帝国的领土划归意大利，包括阜姆的主权承诺。但在1919年的伦敦会议上，英、法、美并未履行承诺，而是将阜姆划给了斯洛文尼亚王国（即后来的南斯拉夫）。

1919年9月，意大利著名诗人邓南遮募集了大批"法西斯"，占领了阜姆。

邓南遮等人占领阜姆15个月后，在英美的压力下被迫撤出。

1919年11月16日意大利大选揭晓，法西斯党没有一个人被选入国会。

为了激起人民的战斗意志，墨索里尼揭露尼蒂政府在巴黎谈判中丧权辱国。有谣传说，南斯拉夫人要占领亚得里亚海岸，意大利的学生、教授、工人、市民举行了游行示威，要求政府收复达尔马提亚和阜姆。

法西斯组织的女兵

尼蒂政府倒台，饶里蒂继续组阁。工人阶级占领工厂，印有象征苏维埃的镰刀和斧头标志的红旗四处飘扬。

法西斯的战斗小分队到处活动，对人民群众进行恐吓、抢劫、殴打、枪杀共产党人。

1921年，墨索里尼的选票骤增到17.8万。法西斯党在国会535席中占35席。墨索里尼亲自参加决斗，利用剑术击败政敌西科蒂·斯克日斯和巴斯吉奥。

1922年，意大利最大的银行——国家银行倒闭。一天，支持墨索里尼的军官菲德烈克·佛罗瑞阿中将被部下刺杀了。在公共场所，法西斯党徒们开始枪杀反对派。墨索里尼大喊："誓将红色的党团击碎。"

法西斯党徒都穿着黑色制服，号称"黑衫党"。在大街上，经常听到他们"杀！杀！杀！"的喊叫声。

1922年10月24日，在那不勒斯召开的法西斯大会上墨索里尼对党代表们说:"如果我们不能和平接受国家政权,就用武力夺取政权。"此时,法西斯的武装党徒已经发展到了50万人,党员有100万,其他人员250万人。

法西斯大军劝告军警不要与他们作战,劝告有产者别害怕,声明要保护工农的权益,对皇室尽忠,只是推翻统治阶级。法西斯大军一路出击,沿路军队和警察保持中立。各资产阶级政党纷纷投降。

法西斯独裁者墨索里尼

10月29日,国王传召墨索里尼前来罗马组阁。11月1日,墨索里尼进入罗马。墨索里尼对监狱的犯人进行大赦,把法西斯"黑衫军"改编成"国家保安志愿民团"。

1924年4月6日,墨索里尼宣布大选。法西斯党徒强拉选票,墨索里尼在大选中获胜。5月24日,墨索里尼召开第27届国会。

1925年10月,墨索里尼集党权、政权、军权于一身,成为独裁者。

墨索里尼十分崇拜恺撒和拿破仑,自诩为恺撒和拿破仑的墨索里尼十分了解这两人在建立丰功伟业的过程中武力的重要作用。墨索里尼强烈地认识到,必须利用时机先吞并一个国家,以便证明意大利在自己的领导下已经成了一个强国。

可是意大利比不上德国,它的经济实力不足,军队的官兵素质很低,装备低劣。最重要的是,意大利人民不拥护墨索里尼。所以,墨索里尼想实现自己的梦想是很难的。但他决定孤注一掷。

在北非的利比亚、多尼坎尼亚半岛、厄立特里亚和意属索马里,墨索里尼已经建立了殖民地统治。

这时,他看看东非,只剩下埃塞俄比亚了。

埃塞俄比亚当时叫阿比西尼亚,位于非洲东北部,是个内陆国家。全国总面积为122万多平方千米,高原面积占国土总面积的2/3,号称"非洲屋脊"。

埃塞俄比亚的战略地位十分重要,地处红海西岸,拥有南部出海口,领土辽阔,资源丰富。如果意大利吞并了埃塞俄比亚,就能把意大利的东非殖民地厄立特里亚和意属索马里连成一片,从而威胁英国和法国通向东方的海上交通要道,为意大利进一步在非洲扩张奠定基础。

墨索里尼计划把至少100万——曾经说过1000万——意大利人移民到东非殖民地。另外,还计划征召100万至200万埃塞俄比亚人参军。

从1922至1923年,墨索里尼就准备把埃塞俄比亚变成意大利的殖民地。

1932年年初，意大利议会决定由博诺将军指挥进攻埃塞俄比亚的战争。

1932年年底，墨索里尼批准了博诺将军制定的进攻计划，同意战争大约在1935年秋雨季以后进行。

1934年夏，大批军用物资被运往目的地。

1934年12月5日，意大利不宣而战，偷袭埃塞俄此亚，战争爆发了。意大利军队的一辆装甲车和数架飞机也投入了战斗。

1935年9月25日，埃塞俄比亚为了避免发生可能作为意大利军队入侵借口的事件，让军队从边界向后撤退30公里。然而，撤退并不能阻止意大利的侵略。

10月3日，意大利再度入侵。30万意军从厄立特里亚和意属索马里出征，兵分三路入侵埃塞俄比亚，以北路为主，企图攻占埃塞俄比亚的首都亚的斯亚贝巴，进而攻占全境。

1936年年初，意军格拉齐亚尼的部队发动攻势，越过埃军的防线。格拉齐亚尼率军占领了内格利镇，决定集中兵力进攻右翼的、更重要的哈拉尔市。

此时，在主要的北方战场上，坦皮恩战役全面爆发了，战斗打得非常激烈。经过3天的混战，塞拉西的近卫军几乎覆灭。埃军死亡9000多人。死亡人数是自开战以来最多的。在北部战场上，埃军的正规军已经被歼灭了。

在德西埃市，年仅18岁的皇太子阿斯法·沃森想让酋长们效忠。可是，由于前线战场的恶化，阿斯法·沃森的处境不妙了。阿斯法·沃森听说沃洛人的酋长们准备把他捉住。于是，他偷偷地溜出德西埃，与部下会合。就在当天，德西埃市陷入一片混乱，到处都是枪声。

4月15日，意军占领德西埃。

5月4日黄昏，意军到达亚的斯亚贝巴郊区。5月5日，亚的斯亚贝巴沦陷。

5月9日，墨索里尼宣布，埃塞俄比亚及其人民并入"意大利王国的完整主权之中"。

魔爪伸向北非

德国的巨大胜利，使墨索里尼信心倍增，他妄想在非洲建立新的罗马帝国。

1936年11月25日，德国和日本在德国首都柏林签订了《反共产国际协定》。一年后，即1937年11月6日，意大利也加入了该协定。法西斯国家的所谓"反共同盟"，即"轴心"集团正式形成。

希特勒与墨索里尼

1938年3月12日，德军攻陷维也纳；1939年3月，德军攻陷捷克斯洛伐克。事后，希特勒向墨索里尼发电"报喜"。希特勒还多次派人给墨索里尼送来战争纪录片的拷贝：德军在波兰、在挪威、在丹麦、在荷兰的战争。

墨索里尼极力仿效希特勒的战法。1939年4月，意大利军队占领阿尔巴尼亚。阿军由于缺乏现代化的武器装备，无力抵抗，最后战败了。

1940年6月10日，墨索里尼宣布意大利对英法宣战，并立即展开军事行动。

尽管意大利的经济实力和军事实力远不如德国，但墨索里尼的野心却不亚于希特勒。

德国在二战初期的巨大胜利和意大利出兵阿尔巴尼亚的成功，使墨索里尼信心再次倍增，他妄想在非洲建立新的罗马帝国。墨索里尼想把利比亚作为吞并北非的跳板。他知道利比亚是北非的战略重地，利比亚与意大利西西里岛的海上距离为483公里。利比亚东邻埃及、西邻法国殖民地突尼斯和阿尔及利亚。因此，墨索里尼把侵略的目光转向了埃及。从此，非洲成为第二次世界大战的另一战场。

墨索里尼深知，如果意大利攻占了埃及，就会受到德国的尊敬和支持。因为埃及保护着英国在中东的殖民地——巴勒斯坦和约旦，并控制着包括叙利亚、伊拉克和伊朗在内的中东其他地区。埃及的亚历山大港可以使英国的海军舰队进入东部地中海。

埃及的苏伊士运河是英国通向印度、远东的海上生命线。一旦失去了埃及，对英国是个大灾难。意大利占领了埃及，就占领了通向苏丹的通道，可以把意大利在东非的所有殖民地连成一片。

向东进攻埃及，意大利占有优势。

第一，英国目前的困境。尽管英国很早就控制了埃及，最近又根据一项条约向埃及派遣了军队，可是英国现在首先要考虑的是保卫英国本土，

1935年，意军在埃塞俄比亚马卡莱升起意大利国旗

英国已经无力再向中东战场投入巨大的人力和物力资源了。

第二，意大利在非洲的势力很大。从1911年起，意大利就占领了利比亚，意大利占领非洲东海岸的厄立特里亚和意属索马里的时间更早，不久前意大利又吞并了埃塞俄比亚。利比亚地处埃及的西边，埃塞俄比亚紧邻英国在东非的殖民地。意军可以从两个战线进攻埃及。

英国在埃及的军队由中东地区的英军总司令韦维尔将军率领。韦维尔把近10万人的英军部署在伊拉克、约旦、巴勒斯坦、埃及和苏丹。

在埃及，韦维尔部署了约3.6万人的英军，组编成两个师抵抗利比亚边境的意军。其中英军第4印度师，由少将布莱斯怀特·皮尔森指挥；第7装甲师，由少将奥穆尔·克里夫指挥。

虽然两师的编制不足，装备和弹药匮乏，但是官兵训练有素，是西部沙漠部队的精锐部队。

第4印度师是由英军和印度军组成的盟军，沙漠作战经验丰富，对即将开始的沙漠战来说十分有利。英军第7装甲师号称"沙漠之鼠",奥康纳将军曾经表扬过1939年的第7装甲师的官兵,说第7装甲师是"他看到的训练最好的部队"。

当时,意大利拥有73个师,总人数为160万。墨索里尼计划通过海外占领和补充兵源,组建126个师,但是由于兵源不足,装备也落后,他的目标无法实现。意大利军队对后来新招募的人员没有进行充分的训练,战斗力很差。

虽然墨索里尼宣称,意大利有17个步兵师拥有"自我运输"能力,但和英国的摩托化部队相比,落后了许多。意军只拥有2个装甲师,2个摩托化师和3个轻型师。其他的部队装备太落后了,这使意军在西部沙漠战役中吃了大亏。

在意军中,战斗力较强的是6个阿尔派恩师。这6个师的山区作战经验十分丰富,部署在意大利北部和巴尔干地区。意大利法西斯民兵部队,又叫"黑衫军"。"黑衫军"被编入各个正规军团中,每个步兵师中都补充了一支"黑衫军"。墨索里尼还将许多法西斯极端分子编入军队。

在利比亚,约有8000人的"黑衫军"和13500人的正规军。

意大利空军在20世纪20年代至30年代曾经一度强大,但到1940年时却落后了。

由于意大利空军的装备缺乏、落后,第二次世界大战爆发后,意大利空军的大部分飞机都是过时的。

例如,意大利的菲亚特CR—32型和CR—42型战斗机,根本无法与英军的"飓风"战斗机相比,意大利空军的人数也远远不如英军。

随着战争规模的扩大,德国空军担负着空中作战任务,意大利空军只担负一些侦察和小型的轰炸行动。

可是,意大利军队还是开始了对东非的入侵。

墨索里尼下达了进攻命令:东非的意军攻打英属索马里,占领红海南

意军从埃塞俄比亚入侵英属索马里

部的出海口；北非的意军攻打埃及，占领苏伊士运河。意大利一旦战胜，地中海就成了"新罗马帝国的内海"。

1940年8月4日，意军的17个步兵营在装甲部队和炮兵部队的掩护下，从埃塞俄比亚和厄立特里亚进攻英属索马里。

当时，索马里的英军为1500人。英国中东总司令韦维尔命令英军做一些象征性的阻击，然后从泽拉港和伯贝拉港撤离。

8月19日，意军占领泽拉港和伯贝拉港。

8月20日，意军吞并英属索马里，打通了苏丹至埃及的交通线。

在苏丹和肯尼亚，意军出动了2个步兵旅和4个骑兵团共6500人，在24辆坦克和装甲车的支援下，攻占了苏丹的卡萨拉镇和加拉巴特镇、肯尼亚的莫亚累镇。然后，意军从南部和西部向埃及快速挺进。

墨索里尼深信，意军将很快摧毁驻守埃及的英军，到时，意大利就会成为非洲的头号势力。

非洲大陆一败再败

随着阵阵军号声的奏响,身穿黑色衬衫、装备短刀和手榴弹的意大利"黑衫军"威风凛凛地走在意军的前面。

北非的地理位置优越,自然资源丰富,交通便利,自古就是兵家必争之地。

北非扼守地中海通向大西洋的咽喉直布罗陀海峡,东邻欧洲通往中东的必经之路苏伊士运河,北邻地中海,与欧洲大陆的三大半岛隔海相望。

墨索里尼早就渴望吞并埃及了。当英国被德国打得溃败时,墨索里尼立即准备攻打埃及,企图趁火打劫,一举吞并埃及。

墨索里尼派 58 岁的意大利陆军元帅格拉齐亚尼指挥北非意军,格拉齐亚尼在镇压非洲人民的反抗方面立下了大功,他对待敌人毫不手软,外号"屠夫"。

格拉齐亚尼于 1908 年参军,参加过第一次世界大战。1930 年,任驻利比亚意军总司令。1935 年,任意属索马里总督。埃塞俄比亚战争初期,格拉齐亚尼任南方集团军司令,后任驻埃意军总司令,残酷地屠杀埃塞俄比亚人。1937 年,升任陆军元帅。

1939 年,格拉齐亚尼担任陆军参谋长。

在 1940 年时,巴多洛里奥元帅是意大利军队的总司令,但职权受到墨索里尼的架空。墨索里尼对意大利军队有直接指挥权,但陆、海、空三军互相独立行动。巴多洛里奥元帅试图改革军队的指挥体系,使三军紧密配合,而被墨索里尼解除了职务,由卡瓦莱罗继任。

驻利比亚的意军由巴尔博元帅率领。1940 年 6 月 28 日,巴尔博被自

意大利士兵在利比亚作战

己人"友好的一枪"击毙,由格拉齐亚尼继任指挥。驻东非的意军总指挥是奥斯塔公爵,但由于东非的意大利殖民地远离本土,因此奥斯塔很难控制驻守东非的意军。

格拉齐亚尼原以为自己的任务主要是抵御——向西抵御英军的进攻,向东抵御来自驻突尼斯的法军的进攻。可是,法国沦陷后,利比亚解除了来自法军的威胁。

就在格拉齐亚尼就职时,得知自己的任务是向埃及推进300英里(约488千米),占领亚历山大港的海军基地,格拉齐亚尼感到非常震惊。格拉齐亚尼马上飞抵罗马向墨索里尼诉苦,争辩说他的部队无法进攻英军。他只有不足几个营的运输部队,他的部队使用的武器是一堆废物:19世纪的火炮和步枪,锈迹斑斑的机枪。他的部队没有飞机、坦克、反坦克和防空火炮。

在与埃及相邻的利比亚边境，格拉齐亚尼的部队被迫偷挖英军布设的地雷，埋在自己的阵地前。

然而，格拉齐亚尼从墨索里尼那里所得到的只是一些抚慰的甜言蜜语。墨索里尼说："我并没有派你去消灭英军，我只是要求你进攻英军，夺取埃及，这将是对大不列颠的最后一击。"

极不情愿的格拉齐亚尼回到了利比亚，在此期间，意军与英军在边境地区发生了小规模的冲突。双方的伤亡对比，证实了格拉齐亚尼的判断：意军伤亡高达3500人，而英军伤亡150人。

6月16日，英军的一支小分队潜入利比亚边境，采取突袭的战术摧毁了意军的一个边境据点。

另外，英军第7装甲师在埃及边境，多次对意军的阵地进行小规模的打击，使意军吃尽了苦头。接连的打击使意军完全高估了英军的实力。

英军第7装甲师师长克雷少将面对意军阵地小而散的特点，大胆地把英军分成奇袭分队，多次越境偷袭，屡战屡胜。其中，第11轻骑队战绩最佳。

第11轻骑队神出鬼没，经常潜入意军的大后方，不断地发动伏击战，拔掉意军的据点，使意军狼狈不堪、日夜不宁。

格拉齐亚尼为人谨慎，他希望做好足够的准备后，再发动进攻。但墨索里尼却不断地催促他发动进攻。

当格拉齐亚尼还在准备时，英国政府做出了一项艰难的决定。

1940年夏季，德军入侵英国本土的态势日益明显，英国的上空，双方空战不停，德国舰队从莱茵河畔开到了英吉利海峡的另一端。法国已经投降，比利时战败，英法联军从敦刻尔克大撤退后，英军只好退守本土。这时，本土的英军武器装备不足，根本无力顾及海外殖民地。可是，为了保障埃及及英军通向殖民地的生命线，中东地区的英军装备必须得到加强，尤其是坦克、大炮和运输工具。

8月15日，英国战时内阁下令加强英军在埃及的力量。增援埃及的英军和装备包括3个坦克营（154辆坦克），48门反坦克炮和48门重25磅的榴弹炮，另外还有大量步兵武器和弹药。增援埃及的英军通过好望角，9月19日到达红海，即将进入苏伊士运河。

然而，意军面临的一大难题是墨索里尼的一系列鲁莽决定。墨索里尼经常把部队部署在他认为能够给他带来无尚光荣的地区。在进攻英国的战斗中，墨索里尼也派遣一支拥有战斗机和轰炸机的远征军，远征军遭到了英国皇家空军的围歼。德国入侵苏联时，墨索里尼出动了大批陆军和空军部队。

而墨索里尼对苏联进行的战争对意军是一场大灾难：派往东线的23万意军，伤亡惨重。墨索里尼已经把枯竭的意大利军事资源运用到了最大极限。

1940年，意大利在利比亚驻军25万人，装备了1800挺机枪，350辆轻型坦克和8000辆卡车。意大利布署在利比亚前线的150架飞机比英国当时部署在埃及的飞机要占优势。当时，英军主力集中在西线。

意军兵分两路：一路是在的黎波里，由加里博第将军指挥的第15军：由6个步兵师和两支"黑衫军"分队组成；另一路是在东部的昔兰尼加省，由贝尔提将军指挥的第10军：由3个步兵师，一个"黑衫军"团和一支利比亚部队组成。

显然，贝尔提的第10军急需加强，开始时增加了9个师，后来增加了10个师。

8月19日，墨索里尼听说德国即将入侵英国，他立即向格拉齐亚尼下达进攻命令。墨索里尼要求格拉齐亚尼尽快进攻埃及，下令："第一批德军登上英国领土之时，就是你们进攻之时。"

9月7日，墨索里尼主持部长会议，再次下令进攻埃及，但格拉齐亚尼提出时机尚未成熟，请求将进攻时间推迟1个月。陆军参谋长巴多格里

经典 全景二战丛书 大漠狼烟

英军在北非的坦克部队

奥元帅支持格拉齐亚尼。墨索里尼说，如果格拉齐亚尼再不发起进攻，就把他免职。

在墨索里尼的逼迫下，9月13日，意军冲过利埃边界，向英军发动进攻，英军经过象征性的抵抗后撤退。13日，意军攻占塞卢姆。

随着阵阵军号声的奏响，身穿黑色衬衫、装备短刀和手榴弹的意大利黑衫军威风凛凛地走在意军的前面。后边，缓缓跟来的是运送大理石里程碑的卡车队伍。

这些大理石里程碑是墨索里尼用来炫耀胜利进程的，可能墨索里尼并不知道，对于装备简陋的意军来讲，这样的东西加重了负担。

通过连续4天的行军，意军顺着边境只前进了105千米，黑衫军攻占了小镇西迪拜拉尼。西迪拜拉尼除了清真寺和警察局以外，全都是低矮的泥舍。罗马电台对这一胜利大肆吹嘘："由于意大利工兵的精湛技术，电车已开始行驶在西迪拜拉尼的街上。"这次进攻，意军伤亡530人，英军伤亡50人。

欢欣鼓舞的意大利人民并不知道，英军第7装甲师主动撤离了西迪拜拉尼，退守埃及境内80英里（约129千米）处的马特鲁。马特鲁是连接埃及亚历山大港的一条铁路的终点站，英军靠近补给基地，可以伺机发动反攻。如果意军继续向前推进，补给线就会延长，随时处于英军的袭击下。

意军由于补给困难，被迫停止了推进。格拉齐亚尼下令，意军安营扎寨，修筑工事，等待墨索里尼增派更多的兵力和供给品。

格拉齐亚尼指挥意军挖战壕，在维尔巴尔比亚建立了防御工事。维尔巴尔比亚是意军通向利比亚的重要通道，也是英军通往亚历山大的重要通道。格拉齐亚尼在西迪拜拉尼储备了食物和弹药，修建了一条淡水管道。

意军构筑了一个由7个大据点组成的半圆形的防御要塞，该要塞从距离西迪拜拉尼以东24千米的马克提拉村开始修建，向内陆延伸80多千米。

意大利军官们看重的不仅仅是要塞所具有的防御功能，而是更看重的是"军官俱乐部"之类的生活设施。有了"军官俱乐部"，军官们就能在战斗的间隙欣赏美妙的音乐，跳起优美的舞蹈，饮用用高级器皿盛装的冰镇白葡萄酒。

意大利人散漫的习性在这时暴露出来了，意大利军队修筑防御工事时不紧不慢。当时，罗马的电台不断地吹嘘着战场上的胜利，还把意军修建的笨拙的泥草房说成了一座美丽的大都市。

格拉齐亚尼是位经验丰富的指挥官，他知道英军在埃及部署了大量的兵力，但英军从9月到10月初在埃及的力量并不强大，这就给格拉齐亚尼一个机会去攻打亚历山大港和开罗。

亚历山大港和开罗是英军防守最薄弱的地方，因此很快就被意军占领了。

但到了10月，战况发生了巨变，英军的增援部队不断到来，补充到前线阵地的英军部队中。

两军之间有一个130千米宽的中间地带。此后的3个月中，意大利军队的防守逐渐松懈了。

墨索里尼得到了西迪拜拉尼后，又把目光投向了希腊战场。

希特勒对格拉齐亚尼的战术深感忧虑，10月4日，希特勒向墨索里尼提出了愿意提供装甲部队和飞机大炮支援格拉齐亚尼，但他的好意却遭到了傲慢自大的墨索里尼的拒绝。

墨索里尼生气地说："强大的意大利军队现在不需要任何援助，意大利军队一定能在10月中旬以前重新开始伟大的进攻行动。不过，欢迎德军在战役的最后阶段给予意军最有力的支援。"

10月28日，意军突然攻打希腊，打乱了希特勒的计划，为了教训狂妄的墨索里尼，希特勒决定不派一兵一卒去利比亚，让墨索里尼自己干去。

从意军进攻的形势来看，韦维尔发现，意军虽然人多势众，但武器装

在北非的英军士兵正在布设营地

备太过时，火力很弱，可以充分发挥英军的装甲优势，兵分两路，迅速出击，直插西迪拜拉尼，然后占领巴迪亚。

韦维尔计划在1940年9月21日发动第一阶段的进攻，但直到10月中旬，韦维尔才下令开始反攻。

韦维尔并不想发动一场大规模的进攻，英军的行动将不超过5天，向西最远只到达西迪拜拉尼以西25英里（约40千米）。

英军的补给物资由巡逻队埋在沙漠池塘的深处，随军携带的食物、汽油和弹药只够维持5天，直到撤回马特鲁。

1940年10月28日，阿尔巴尼亚的意军突然攻打希腊，韦维尔接到丘吉尔的命令，要求驻埃英军向希腊增兵。同时，英国皇家海军正在东部地中海地区苦战，无法脱身。

这时，驻埃及的英军侦察部队发现了西迪拜拉尼的意军第10军阵地的一个致命的弱点：意军在西迪拜拉尼的阵地分为两部分，一部分是海岸线，另一部分是内陆的兵营，两部分相隔长达24千米。英军可以利用这段空隙，由奥康纳率领西部沙漠部队从陆地上通过，步兵部队再冲过意军沿海岸线的阵地，这样就截断了意军的增援部队。

这个计划只有几位高级将领知道，许多英军军官只知道英军将在5天内有一次小规模的偷袭行动。直到最后一刻，韦维尔才向奥康纳下达了命令。

很快，意军的空中侦察队报告说，英军为了加强防御，应付意军的进攻而派出了大批摩托。

1940年12月8日至9日，前进中的英军在严寒的沙漠之夜，发现了在意军两大阵地间的空隙地带。

英军的坦克和装甲车立即全速前进，卷起股股沙雾，冲向意军防线的空隙。

意军连忙调兵实施堵截，无奈兵力一时无法集中，而且不知道英军的真实意图，不好全力一拼。少数意军坦克在防线上奋起阻击，英军坦克和装甲车稍作抵击后直奔西迪拜拉尼方向。

12月9日7时，驻守尼贝瓦据点的意军正在煮咖啡、烤面包，准备吃早餐。英军的坦克和装甲车辆冲进兵营四周的围墙，惊坏了的意军哨兵被英军装甲车上的布朗式机枪击毙。

装甲车内的英军士兵涌出车厢，在"马蒂尔达"坦克的掩护下冲向意军兵营。20多辆停在营地外的意军M-13型坦克被击毁。很快，意军的反坦克炮火开始还击，但炮弹无法穿透英军坦克的装甲。意军骑兵的战马多数受惊，搅起阵阵沙尘。

上午9时，英军占领了尼贝瓦据点。意军被俘2000多人，伤亡200多人，部分人员逃跑。随后，英军继续向北朝其他据点进攻，英军坦克刚轰了几炮，各据点的意军就将一面面白旗举了起来。

北非作战的意军装甲部队

战斗中，英军的奥斯泰斯·阿尔登中校率部来到意军在玛克提拉的兵营，下令发起进攻。英军的机枪刚响了两声，一个英军军官就大喊："有白旗，先生。"

"闭嘴！"阿尔登大喊。但是，在防御工事后面，一位意军旅长和500名士兵正以立正姿式站在那里。

不久，意军旅长对阿尔登说："我们的子弹打光了。"当时，意军旅长的身边堆放着大堆弹药。

12月10日，面对惨败，格拉齐亚尼为了保存实力，从西迪拜拉尼向西撤退。当意军撤到布克镇东侧时，进入英军第7装甲师设下的伏击圈。

经过激烈的交战后，1.4万名意军成为俘虏。格拉齐亚尼率领意军逃过边境，坚守利比亚的巴迪亚要塞。

12月12日，已经有3.9万名意军成了俘虏。英军原先估计最多不超过3000人，结果弄得英军不知所措。一个坦克指挥官向韦维尔抱怨说："我的部队被迫在500名举起双手的意军士兵中间停下来。"

一队队身穿绿色制服的意军俘虏挤满了通向马特鲁的道路。一位英军军官只好发给他们木头和带刺的铁丝，让他们自己建造战俘营。

很快，俘虏们从对法西斯主义和墨索里尼的着魔状态中恢复过来。在尼倍瓦，意大利俘虏看见英军炮兵正在挖掘新的炮位时，纷纷拿起镐和锹上前帮忙；许多俘虏教英军做意大利通心粉和蕃茄酱。

韦维尔发现他原计划的"5天的袭击"竟获得了全胜。

1940年10月1日，韦维尔升为上将。在对意战争中，韦维尔率领英军占领了北非的利比亚昔兰尼加省东半部，俘虏了意军12.5万人，缴获100多门大炮。

意军战败后，格拉齐亚尼和墨索里尼的关系恶化了。在两封电报中，格拉齐亚尼批评墨索里尼不听他的劝告，把意军推入一场毫无把握的战争中去。格拉齐亚尼要求德军提供强大的空中支援。格拉齐亚尼说，只靠手指是不能摧毁英军坦克的。

墨索里尼遇到战争失利时，总是把罪责留给他的将领们。

他对外交部长加里亚佐·齐亚诺说："我们有5个将军被俘，1个战死，这就是格拉齐亚尼的战果。"

墨索里尼把全部的希望都寄托在贝古佐立中将身上了，贝古佐立是巴迪亚要塞的指挥官。

巴迪亚要塞座落在离边境线20千米的海岸边的高104米的悬崖上。要塞由4.5万意军坚守，设有400门大炮，防守线的前面有一道3.7米宽的反坦克沟，埋设了大量地雷。

第一章 意军入侵非洲

成群的意大利士兵成为英军俘虏

墨索里尼认为贝古佐立中将是意大利最优秀的军官。贝古佐立在西班牙内战中脱颖而出，脸上蓄有火焰般的红胡子，绰号"电胡子"。

1940年12月14日，英军进入利比亚，来到巴迪亚要塞附近。澳大利亚军队赶到后，英澳军包围了巴迪亚要塞。

1941年1月3日，英澳军队在23辆坦克、英国皇家海军和空军火力的掩护下，向意军发动了进攻。

第6澳大利亚师冲过反坦克战壕，直接向海岸进攻，将意军分成两截。

1月4日日落时分，英澳军队占领巴迪亚要塞。4万多名意军成了俘虏。

英军的下一个目标是托布鲁克，英军迅速控制了托布鲁克周围地区的所有交通，等待澳大利亚军队的增援。1月21日凌晨，英澳军队突然向托布鲁克发动猛攻，英军的12辆坦克也参加了进攻。

傍晚，托布鲁克意军防线崩溃。22日，意军向英军投降。

托布鲁克是北非的深水港之一，是从利比亚到埃及的重要沿海通道。托布鲁克的丢失使意军在北非的处境更加艰难。

英军已经疲惫不堪，装备和给养严重匮乏，汽油奇缺，然而英军进攻的速度仍然很快。

1月30日，英军进驻德尔纳，意军早就逃跑了。由于在德尔纳西南的内陆要塞梅尼奇的一支精锐的意大利坦克部队逃跑了，奥康纳命令第7装甲师截住班加西以南的滨海大道。第7装甲师的官兵们接到的命令是"飞奔"。

2月4日黎明，第7装甲师的50辆巡逻车和80辆轻型坦克从梅尼奇出发，冲过利比亚昔兰尼加省的内陆草原。第7装甲师的其他部队抄近路，截断了意军坦克部队的退路。

2月5日，第7装甲师赶到贝达阜姆的海岸线上。海岸线上的澳大利亚军队把意军坦克部队压缩到贝达阜姆。

意军坦克企图逃出英澳军队的封锁线，意军坦克在数量上占绝对优势，但坦克之间无法联络。

战斗持续了一天半，意军坦克无数次地发起反攻，企图突破英军阵地。可是，意军坦克每30辆才有一台无线电发报装置，无法互相支援。

2月6日，英军每个旅只剩下15辆坦克了。当士兵们抱怨炮管已经打得变了形时，指挥官命令他们坚持下去。如此连续几天的硬仗，意军终于支持不住，一些意军打出了白旗，残余的部队也放弃了反抗。

就这样，英军急行军800千米，战胜了意军10个师，13万意军成了俘虏。英军仅伤亡1873人。

意大利在利比亚东部的最后一个据点是班加西。2月6日英军攻占班加西。2月7日凌晨，格拉齐亚尼逃到的黎波里。

2月10日，英军到达阿盖拉、马拉达以东一带，占领了利比亚昔兰

贝达阜姆的海岸线上，刚刚登陆的英军第 7 装甲师

尼加省。

2月12日，史密斯准将回到埃及首都开罗。史密斯准备劝说韦维尔批准英军进攻利比亚首都的黎波里。他刚迈进韦维尔的挂着地图的指挥室，竟发现沙漠地图已从墙上消失，换上了一幅希腊地图。

原来，希腊首相迈塔克萨斯逝世，新首相亚历山大·科里齐斯决定接受英国的援助，抵御意军的入侵。

英国首相丘吉尔下令向巴尔干半岛转移兵力，计划在巴尔干半岛建立军事基地。就这样，北非英军一部被调往希腊战场，在北非的沙漠作战停止了。

求助柏林

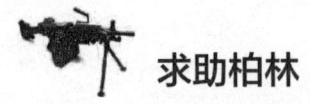

盘踞在贡德尔地区的纳斯的主力部队遭到英军不断的炮击，于1941年11月28日投降。本来，希特勒不想帮助意军，但非洲的战略地位不可小视。所以，在墨索里尼忸忸怩怩提出要求后，希特勒大度地表示，他不会让意大利人失去对非洲的控制权。

意军入侵东非时，索马里的英军司令是蔡特，后来戈德温·奥斯汀出任英军司令。戈德温·奥斯汀率军从柏培拉退守肯尼亚。

肯尼亚英军司令是艾伦·坎宁安，所属部队有第1南非师、第11非洲师和第12非洲师。

苏丹英军司令是威廉·普拉特，主力部队是第5印度师和第4印度师。

1941年年初，东非英军发动了驱逐意军出东非的战役。英军计划把意军从其据点上赶走，解除意军对中东殖民地的威胁。从北非新调来的第4印度师和第5印度师是普拉特中将的主力部队，将从苏丹进攻厄立特里亚。

英国还从塞内加尔调来1个法军营和1个来自海外的法国军团。英国的一支南非军队也从南面的肯尼亚进驻意属索马里。英国的另一支军队从肯尼亚北部发起进攻。驻守亚丁的一支英国军队通过了亚丁湾，在英属索马里的伯贝拉港口登陆，也将对意军发起进攻。

复杂的山区地形使双方部队行军都很艰难，都必须使用骡子，甚至骆驼来运送装备。与沙漠之战不同的是，意军的经验已经很丰富了。

1941年1月，各部队陆续赶到后，英印联军兵分两路，在东非发动

英军在非洲海岸进行军事训练

了大规模反攻。

第一路英军由普拉特指挥。

1月15日，普拉特的部队向坚固的克伦山区发起进攻，凭借克伦山区能够威胁厄立特里亚全境和埃塞俄比亚北部地区的所有交通要道。

驻守克伦的意军防御工事十分坚固，两个意军师坚守克伦山区的顶峰。起初，英印联军遭到了意军的疯狂阻击。后来，在强大的炮火和空中轰炸的打击下，意军被迫撤退。

经过53天的战斗，英军占领了克伦山区。

普拉特的部队继续推进。4月1日，攻占厄立特里亚的首都阿斯马拉。意军1.5万人被俘，意海军多艘军舰被击沉，厄立特里亚反攻战结束了。

第二路英军由坎宁安指挥。

2月，英军从肯尼亚向意属索马里发起进攻。2月19日，英军越过意军的防线，沿海岸线发起进攻。24日，英军占领摩加迪沙，继续向北部进攻埃塞俄比亚。3月29日，英军进驻吉吉加，与3月16日在伯贝拉登陆的英军会合。

英军在坎宁安的率领下，3月30日攻占马达关口。4月5日，英军占领埃塞俄比亚首都亚的斯亚贝巴。

埃塞俄比亚的皇帝海尔·塞拉西皇帝回到首都，发动人民进行游击战争，痛击了意军，有力地支持了英军在正面战场上的作战，使英军的进攻速度加快。

很快，坎宁安在北方与普拉特中将率领的英印联军会师。英军从厄立特里亚向南进攻。

虽然意大利在埃塞俄比亚的败局已定，但驻东非的意军总指挥奥斯塔公爵率领残余意军，在安巴阿拉吉山附近的高山区组织防御。

5月3日，南非部队和埃塞俄比亚游击队，到达安巴阿拉吉山，向高地上的意军发起了进攻。

埃塞俄比亚的游击队在进攻高地的过程中消灭了许多意军，加快了奥斯塔的投降。

5月12日，坎宁安和普拉特的两支英军赶到安巴阿拉吉山地区。当时，意军缺少弹药和水，遭到南非部队炮火的轰炸。意军无法坚守，奥斯塔决定向英国正规军投降。

5月19日，奥斯塔接受了投降条件，率部投降。奥斯塔在安巴阿拉吉高地的投降使意军投降总人数增加到23万。

但是仍有8万意军在战斗，一部分在加拉锡达莫省的亚的斯亚贝巴的西南部，由加泽拉将军指挥，约有4万人；一部分在首都西北部的贡德尔地区，由纳斯将军指挥，约有4万人。

英军主力和南非部队被调到了其他战场。这场战争的最后阶段的任务留给了驻守埃塞俄比亚的非洲英军。

意大利士兵的合影

非洲英军集中兵力攻打加泽拉的部队。尽管连降大雨，道路崎岖不平，非洲英军的行进十分艰难，但仍然把意军赶到了加拉锡达莫省。

6月21日，英军进驻季马，意军吓得逃往农村。从刚果增援的一支英军向意军进军，在半路上拦住了意军。意军和刚果英军在7月3日展开激战，疲惫不堪的加泽拉部队投降了。

在东北部地区，纳斯的部队驻守特纳湖上游的山区，总部设在贡德尔。意军的阵地十分坚固，但装备不足。非洲英军的进攻被多次打退。9月27日，意军弹尽粮绝。驻守峨茨菲特要塞的意军向英军投降。盘踞在贡德尔地区的纳斯的主力部队遭到英军不断炮击，于1941年11月28日投降。

就这样，英军完全占领了意属东非，埃及的安全得到了保障。从此，美国运输船可以在苏伊士运河自由通行，大大增加了从美国运来的物资总数，极大地缓解了英军在中东地区的物资紧张状况。

不久，盟军开通了"塔科拉迪"航线，这条航线从西非，通过塔科拉迪和拉米港口，取道喀土穆，直达开罗。通过这条航线，盟国把大量的飞机和物资运到了中东。

意军被英军打得溃不成军，除了英军的勇猛顽强、指挥得力、擅长沙漠作战外，与意军自身的缺陷也密切相关。

意军人数虽多，但装备落后，缺少训练，兵力结构也不合理。

意军的 M-3 型主战坦克装甲太薄，根本无法抵挡住英军炮火的攻击，简直成了"缓慢移动的棺材"。

英军 M-3 轻型坦克的驾驶员在坦克旁警戒

意军缺乏优良的反坦克枪炮和防空火炮。其作战野炮还是第一次世界大战时遗留下来的旧设计。作战飞机已经早过时了，根本不适应现代战争的要求，对付埃塞俄比亚还勉强可以，对付老牌的资本主义国家英国就差远了。

意军以步兵为主，没有足够的运输设备，北非意军的机动车加起来也比不上德军一个机械化师，怎么可能快速作战？

此外，意军将领缺乏足够的战斗热情，士气就更不用提了。意军相互之间支持不够，防御设施的纵深也明显不足。

对于墨索里尼来说，这些应该是他感受最真切、最深刻的。但墨索里尼似乎从未对自己的指挥产生过怀疑，他毫不留情地指责格拉齐亚尼："6个将军被俘，1个将军战死，你怎么交待？"为了遮丑，墨索里尼撤销了格拉齐亚尼的职务。

这时墨索里尼已经别无选择了，只好去求助他那位纵横欧洲大陆的柏林盟友——希特勒。

本来，希特勒不想帮助意军。但非洲的战略地位不可小视。所以，在墨索里尼忸忸怩怩提出要求后，希特勒大度地表示，他不会让意大利人失去北非。他准备派一个精锐的装甲兵团赴北非作战。

第二章
"非洲军团"出动

希特勒三易统帅

最后，希特勒想起了一位年轻的将军，此人是"一战"的传奇人物，在"二战"德国入侵法国的战场上也出尽了风头。他的第7装甲师成了整个西线战场中最耀眼的明星。这个人就是隆美尔中将。

1941年1月11日，巴迪亚失陷后的第3天，希特勒发出命令，派遣第5装甲师火速前往北非，在2月中旬到达，全力阻止英国人的挺进。赫赫有名的"非洲军团"开始组建了。

德军第5装甲师是新改编的，核心力量是第3装甲师，由约翰尼·斯特莱希担任指挥。德军第5装甲师是"非洲军团"的第一支部队。

1月22日，由于托布鲁克陷落，德军增援北非的计划被迫提前。

溃败的意军一个劲儿地向的黎波里撤退，却不能准确说出非洲战场的情况。

希特勒决定派人去利比亚了解一下情况，然后再展开德军的行动。

这个人就是冯克少将，也是希特勒寄予厚望的"非洲军团"统帅的首要人选。

但冯克显然被英军势如破竹的攻势弄得不知所措了，回来后大谈意军的溃败。

希特勒表面上很冷静，内心震动却很大。他的第一个反应就是，必须派出一支更大规模的德国部队前往北非，同时派一位更为重要的将军担任"非洲军团"的总指挥。

一旦让英军控制了利比亚，就等于让英军把枪口对准了意大利的胸

希特勒和曼施坦因等高级将领在一起研究作战计划

口，丘吉尔很可能迫使墨索里尼和谈，这是希特勒不愿看到的。同时，意军的崩溃严重地影响了冯克的情绪。

希特勒想起了冯·曼施坦因中将。

曼施坦因生于1887年，有着高贵的家世。曼施坦因受过良好的教育，对战术、作战、战略样样精通，是能力优异的参谋军官，被认为是德国陆军的最优秀的将领。在今天，德国仍尊其为最著名的战略家。

1939年，曼施坦因作为南方集团军群的参谋长，参加了德军对波兰战役。

1940年，曼施坦因对对法作战计划提出修改，即集中装甲部队主攻遍布森林的阿登山区，从而使德军一役击垮英法比荷联军。

1941年，曼施坦因任第56装甲军军长。

苏德战争中，曼斯坦因用4天时间突进了三四百千米。

1941年9月，曼斯坦因任第11集团军司令，占领整个克里米亚半岛和塞瓦斯托波尔要塞，并在亚速海滨的刻赤半岛击退了以斯大林命名的苏军，仅俘虏就达50万，而他的兵力不过6个师。为此，曼斯坦因升任元帅。

曼施坦因完全可以胜任"非洲军团"总指挥的位置，但是，有一点让希特勒感到顾虑，那就是欧洲战场才是德国的主要战场，曼施坦因另有重用。

最后，希特勒想起了一位年轻的将军，此人是"一战"的传奇人物，在"二战"德国入侵法国的战场上也出尽了风头。他的第7装甲师成了整个西线战场中最耀眼的明星。

这个人就是隆美尔中将。

隆美尔以伤亡2000余人的代价，俘虏了英法联军近10万人，缴获坦克和装甲车485辆，卡车4000辆，火炮数万门。

为此，隆美尔第7装甲师获得了"魔鬼之师"的称号。

此时，隆美尔正在德国休息。

很快，隆美尔接到了去柏林的命令。

希特勒非常高兴地接见了自己的爱将，对隆美尔在战场上的辉煌战绩表示了热烈的祝贺。

但隆美尔却显得比希特勒还兴奋，因为他意识到一定有更重要的任务等他去执行。尽管隆美尔把这种兴奋深深地压在了心底，但是希特勒还是明显感觉到隆美尔非常渴望新任务。这正是希特勒所希望的，也让他对北非充满了信心。

希特勒果然没有看错人。隆美尔在北非的军事行动大大出乎了希特勒的意料，出乎了德国、英国、美国等所有国家的意料。他以不可否认的杰出的军事才华纵横北非，把一个容易让人忽视的北非小战场打成了第二次世界大战中的一个重要战场。这当属后话。

希特勒直接问隆美尔："你对北非战局如何看？"

隆美尔说："意军在北非快要撑不住了，失去北非，就意味着失去了地中海，这对我们无疑具有重大影响。北非很重要，但我们的意大利盟友把事情弄得一团糟，我们不能袖手旁观了。"

希特勒对隆美尔说："是的。我准备让你担任非洲远征军的司令官。第5装甲师归你指挥，有必要的话，再给你派一个装甲师。那里还有很多意大利师。"

隆美尔激动地说："多谢元首的信任，我一定尽力，决不辜负元首的期望。我会尽快出发的。"

"沙漠之狐"隆美尔

飞机停稳后，舱门打开，走下身材不高的德国军官。他那双碧蓝的眼睛里带有一种严厉、敏锐，同时透出一种狡诈。他就是隆美尔，德国陆军中最富传奇色彩的陆军指挥官。

1941年，英军面前出现了一个新的对手——"沙漠之狐"隆美尔。

1941年2月12日，中午，一架德国容克式轰炸机飞过地中海，来到非洲大地，降落在的黎波里以南24千米处的贝尼托堡机场。

飞机停稳后，舱门打开，走下身形不高但绝对标准的德国军官。他的身体健壮挺拔，他的脸庞轮廓分明，他的鼻梁挺直冷峻，嘴巴绷紧，带有轻蔑之意。

他那双碧蓝的眼睛里带有一种严厉、敏锐，同时透出一种狡诈。

他就是隆美尔，德国陆军中最富传奇色彩的陆军指挥官。

埃尔温·隆美尔1891年出生于德国南部布伦兹的海登海姆镇。全家过着极为平淡的生活。

隆美尔完全靠个人奋斗成功。对此，隆美尔甚至并不掩饰对一些最高级的德国将领的鄙视。

在隆美尔眼里，德军陆军总司令布劳希奇元帅是一个过分敏感和孤僻的贵族，而尖酸刻薄又雄心勃勃的德军总参谋长哈尔德上将只是一个纸上谈兵的家伙。

隆美尔除了战斗之外，嗜好很少。他不吸烟，很少喝酒。除了几乎每天给妻子露西写信外，他的惟一乐趣就是战斗。胜利时，隆美尔会像小学生一样兴高采烈，失败时他便会垂头丧气。

按德军传统，不是贵族出身和军人世家子弟是很难荣任将军的。但隆美尔以卓越的表现攀上了军人生涯的最高峰，获得陆军元帅军衔，这在德国陆军史上被看做是不可思议的事情。

隆美尔年幼时体弱多病，爱拆装东西，渴望成为飞艇技师。他的父亲

希特勒与隆美尔

老隆美尔在把隆美尔推荐给伍尔登堡军队时，炮兵和工兵都不要他。

1901年3月，医生发现隆美尔有腹股疝，给他做了必要的手术。

隆美尔18岁时进入第124步兵团，被送入但泽皇家军官候补生学校。

自穿上军装那一时刻起，争强好胜的隆美尔就被一种建功立业的念头鼓舞着，渴望能够在战场上大显身手。

1911年11月，校长在隆美尔毕业评语上写道："体操、击剑、骑马可以胜任，体质相当糟糕，但智力过人。"

尽管如此，回到部队后，这位年轻的中尉仍被认为是很能干的连队指挥官。

在一次舞会上，隆美尔被别有风姿、身材苗条的露西·莫琳吸引住了。他们坠入了爱河。

隆美尔在第124步兵团训练新兵，他既不喝酒也不抽烟，一生都忠实于妻子。后来，他曾对露西说："如果我还是一个年轻的中尉，有这么多女子的邀请该多好啊！"

1914年，第一次世界大战的爆发给年轻气盛的隆美尔提供了展示军事才华的舞台。

1914年9月，在瓦伦尼斯，他的左腿被击中，但他仍用一支打完子弹的步枪与两个法国士兵孤身奋战，为此，他荣获了二级铁十字勋章。

1915年1月，在阿恭纳斯森林里，他带领为数不多的士兵闯入法军的阵地，靠4个地堡击退法军1个营的进攻。他率士兵撤出阵地后，获得一级铁十字勋章。

隆美尔以献身精神和出色指挥，在战场上屡屡以少胜多，出奇制胜。

隆美尔曾率20名德军俘虏过400多名罗马尼亚士兵，曾以100人攻占意军重兵防守的战略高地，迫使1200名意军投降。

隆美尔敢于率一支孤军深入敌后，强行军50多个小时，以100名德军俘虏了150名意大利军官和9000名意大利士兵。

这时，年轻的隆美尔已经名声大振，勇冠三军了。而他当时仅是一名中尉。他成了"一战"中德国家喻户晓的传奇人物。

1916年年底，25岁的隆美尔来到但泽，与22岁的露西结婚。隆美尔每天都给露西写信。

第一次世界大战结束时，隆美尔升为上尉。这一军衔竟然整整伴随了他12年。德国战败后，勇猛善战的隆美尔顿时失去了用武之地。由于军功显著，他被留在了大规模裁减后的陆军中，算是很大的幸运了。

1933年，隆美尔晋升少校，任步兵第17团第3营营长。

10月，隆美尔来到德国中部哈兹山区戈斯拉，带着第17步兵团第3营在森林里打猎。第一天，军官们向他发出挑战：爬上一座高山，再滑雪而下。隆美尔往返了3次，当他邀请军官们第4次爬山时，军官们都面色惨白地拒绝了。

1934年，希特勒解决了德国的经济困难。希特勒向将军们保证，他将发动征服西方的战争。

1935年，隆美尔来到波茨坦陆军学校担任教官。

1936年9月，隆美尔指挥希特勒的警卫部队。一天，希特勒指示隆美尔，他的车后最多只准跟6辆车。隆美尔让前面6辆车通过后，派坦克挡住其他车辆。高官们说："简直无法无天！"当晚，希特勒赞扬了隆美尔。

隆美尔把讲课记录写成一部激动人心的书，1937年年初，《步兵攻击》出版，引起了德国军事专家们的极大关注和推崇，随后几年，该书一再重版，引起了希特勒的注意。希特勒说它是步兵教程中最好的书。

苏台德危机爆发后，希特勒任命隆美尔担任他的领袖警卫营中校营长，不久晋升为上校。

一直到德军入侵捷克斯洛伐克，隆美尔都担任着希特勒的卫队长，是"天子近臣"。

1938年9月，隆美尔升任元首大本营的临时指挥官。

德军占领苏台德地区后，希特勒检阅军队

1940年2月，年近50岁的隆美尔来到第7装甲师。在瓦恩，隆美尔每天观察坦克演习，在坦克和飞机的数量上西方国家超过德国，但德国坦克的质量最好。

1940年4月，隆美尔把部队编成各种队形，用无线电指挥和重炮轰击的形式进行演习。晚上11点睡觉，早晨6点钟起床慢跑，防止心脏病的复发。

5月9日12时40分，隆美尔率部到达指定位置。空中飞满了德国飞机，天亮时，隆美尔看到德军第7装甲师的工兵跨过比利时前线。远处传来比利时军队炸毁桥梁和破坏公路的爆炸声。

在19天中，第7装甲师始终冒着暴露双翼和后方的危险，脱离德军主力部队，快速插入敌军防线。

隆美尔到达战略目标阿韦纳，在小山上等待部队追上来。一支法国重型坦克部队从隆美尔的后面进攻，摧毁了好多辆德军坦克，但最终还是被德军击退。

法军举起了白旗，隆美尔率部驶入俘虏群中，俘虏了3500人。隆美尔的部队与法国装甲师一边交战，一边越过法国装甲师，继续前进，越来越多的法军士兵高举着双手。

5月20日，隆美尔的步兵和大炮遇到无法阻止的英国"马提尔达二号"坦克。隆美尔这时注意到，只有88毫米口径的重型高射炮才能对付"马提尔达二号"坦克。

5月26日，隆美尔摧毁了一座桥头堡。他的右翼被英军狙击手挡住了。隆美尔亲自给第4、第7反坦克炮连指明射击目标。身边的官兵接二连三地被炸飞，但隆美尔将军却安然无恙。5月27日，司令部调给隆美尔两个配备新型坦克的兵团。隆美尔率装甲师于6月5日发起进攻。6月10日，隆美尔的部队在迪埃普看到了大海。一天，隆美尔站在圣瓦勒雷南边的峭岩上，看到许多英国士兵正在等待着一支小船队驶来救他们。隆美尔用大炮轰跑了船队，英第51师的维克多·弗特恩少将向隆美尔投降。法国人问隆美尔率领的是哪个师。隆美尔说："第7装甲师。"

法国人大喊："啊，又是魔鬼之师！它闯进我们的阵地到处捣乱。"

6月16日，隆美尔的推进速度为100英里（约161千米），17日为200英里（约322千米）。18日，他的部队推进速度为200英里（约322千米），占领瑟堡。

隆美尔在法国一共俘获了9.7万名官兵，只损失42辆坦克。

1941年2月12日，隆美尔来到非洲这块让他登上事业顶峰的土地。直到1943年3月，隆美尔离开北非回德国治病。

德军将军里只有隆美尔具有与英美军队作战几年的经验，希特勒想给他一个翻身的机会。

12月1日，隆美尔被派往德国西线阵地，和参谋们巡视了丹麦海岸。驻扎在丹麦的军队物资丰富，隆美尔认为盟军不可能入侵丹麦。隆美尔认为惟一有效的防御是在海滩，敌人的力量最薄弱。

12月18日，隆美尔到达法国。几百万盟军正在英国接受训练，谁也不知道他们将在哪里登陆。隆美尔的任务是挡住盟军。

这里德军的作风使隆美尔感到震惊。1942年年初，英军在北非用两个月的时间埋了100万颗地雷，使隆美尔动弹不得。在法国，德军用3年的时间只埋了170万颗地雷。

隆美尔估计，盟军最可能进攻的地方是从比利时至法国索姆河的海岸线。他估计，盟军会以空袭开路，在军舰和轰炸机的火力掩护下，用突击艇和装甲登陆艇从海上登岸；同时，投下空降部队。

冯·龙德施泰特陆军元帅与隆美尔发生了分歧：龙德施泰特不准把装甲师调到海岸的上端。1944年1月2日到5日，隆美尔巡视荷兰至比利时的海岸线，他认为盟军不会在这里登陆。1月3日，他在日记中写道："这里的人收入很高，税率很低，城镇美丽迷人。而德国人正在为了生存而与侵略者舍命奋战！"

隆美尔发现军队的武器不多，士兵缺乏训练。1944年1月，巴黎的餐馆、剧场、妓院、酒吧里都是德军官兵，他们提着装满财物的箱子，而不是扛着武器。隆美尔知道，在法国天堂般的生活消磨了德军及其盟军的意志。

他去拜访德国空军驻法司令官——体重300磅的65岁的陆军元帅雨果·斯比埃尔。斯比埃尔说，空军无能为力。飞行教练和学员要在敌军入侵后几天才能从德国赶来。

隆美尔曾对海斯说："这些德军军官无所事事，并没有在法国海岸构筑强大的防线。如果敌军进攻后，到第四天德军还不能把敌军赶到海里去，那么敌军就胜利了。"

1944年6月5日，盟军在诺曼底登陆。隆美尔致力于把精力投入到新防线。

7月17日，隆美尔遭到盟军飞机轰炸，险些丧命。但随后两天的谋杀希特勒的"7·20"未遂政变事件，却使他真的丧了命。

"7·20"牵连上隆美尔，希特勒于10月14日让隆美尔服毒自杀。

重燃北非战火

为了虚张声势，隆美尔派部下用木头和纸板制作了几百辆非常逼真的假坦克，吓唬对面阵地的英军。

隆美尔乘飞机到达利比亚首都的黎波里时，格拉齐亚尼指挥的意军已经被英军打得溃不成军了，墨索里尼十分生气，解除了格拉齐亚尼的职务，改派加里博第上将担任北非意军总司令。

驻利比亚的意军只剩下5个装备简陋的师。只有"阿里塔师"属于机械化部队，拥有60辆轻型坦克。在沙漠作战行动的计划上，意大利军营中悲观失望的情绪到处弥漫。此时的北非几乎是息鼓宁兵、马放南山了，可隆美尔的到来，又使战火重燃。

派隆美尔来北非协助作战是件好事，但意军总部事先却不打一声招呼，没有把北非最高军事指挥官加里博第放在眼里。加里博第郁郁不乐。

隆美尔到抵的黎波里后，先向加里博第上将通报了有关情况。当天下午，隆美尔乘坐亨克尔轰炸机对的黎波里地区进行了侦察。

隆美尔看到港口的东面有一条由沙子组成的高坎地带。隆美尔准备利用高坎地带来阻击英军车辆。

可是，隆美尔面对的困难很大，因为德国军队中没有一支部队擅长在非洲作战。习惯了北欧温和气候的德国官兵很难适应沙漠夏日的高温。另外，德军必须随身携带各种生活必需品，特别是水。沙漠中除了成群的蚊

北非战场上的隆美尔

子、跳蚤和到处蔓生的带刺灌木外,什么都没有。

当加里博第抱怨装备简陋的意军和令人痛恨的盟国军队时,隆美尔却发现了战机。隆美尔发现沙漠与大海有很多类似之处,沙漠和大海都浩瀚无边,只有靠日月星辰和指南针才能通行。就像大海是军舰驰骋的舞台一样,沙漠将是坦克驰骋的舞台,适合发动闪电般的军事进攻。

隆美尔曾经率领第 7 装甲师在征服法国的时候运用过闪电战,他准备把闪电战再次付诸实施。

回到的黎波里后，隆美尔给希特勒发了一份电报："与加里博第和诺塔亚将军的首次会谈圆满结束。我们将在塞尔特展开进攻，我已经勘察过该地区的地形。"

施密特中尉是德军与意军的联络军官，他向隆美尔提交了一份备忘录。备忘录中所描述的是在意军溃败过程中出现的不愉快事件：意军扔掉武器弹药，登上严重超载的运输车，疯狂地逃跑。在意军驻的黎波里的军营中，大多数意大利军官打好了行李，希望尽早返回意大利。隆美尔已经了解到意军的悲观情绪了，感到肩上的担子不轻。

根据希特勒和墨索里尼达成的一项协议，隆美尔隶属于意大利军官指挥。在隆美尔的授意下，不久，德国空军企图绕过意大利军官们，直接向希特勒请示批准对班加西港进行轰炸。意大利军官们反对轰炸，因为他们在班加西港附近地区拥有豪华别墅。希特勒与墨索里尼反复商谈，最终批准德军轰炸班加西港码头。

接着，隆美尔艰难说服加里博第上将在首都东面的塞尔特建立防线，即在英军在阿盖拉的阵地正对面建立防线。

隆美尔说："鉴于形势的紧张和意军指挥的迟缓，我已决定尽快将前线指挥权掌握在自己手中。"

次日，在隆美尔的鼓舞下，意大利两支步兵师和装备着60辆坦克的"亚丽埃特"装甲师向塞尔特进发。

1941年2月14日，一艘运兵船驶进利比亚的黎波里港口。隆美尔的第一批部队德国第5轻型装甲师第3侦察营来了。

不久，隆美尔获得了指挥意大利机械化部队的权力。从一开始，隆美尔就不服从意大利上级的命令。有时，隆美尔连德国陆军总司令部的指挥都不服从。

当时，希特勒的主要精力集中在进攻苏联的计划上，很长一段时期允许隆美尔率领人数不多的"非洲军团"独立作战。

第二章 "非洲军团"出动

隆美尔到达北非后检阅部队

为了虚张声势,隆美尔派部下用木头和纸板制作了几百辆非常逼真的假坦克,吓唬对面阵地的英军。

2月17日,隆美尔对这支半真半假的装甲部队非常满意。他在给妻子露西的信中写道:"一切进展顺利……我认为,现在可以对付英军了。"

为了使意大利军队摆脱失败的阴影,重振士气,隆美尔在他的坦克团到达北非后举行了盛大的阅兵式。

在的黎波里市中心广场上,身穿热带军服、胸前佩戴骷髅头徽章的德军威武地接受了司令官隆美尔中将的检阅,一辆辆坦克和装甲车驶过。

这些重达25吨的坦克都涂上了沙黄色,穿着沙黄色制服的坦克指挥官们站在坦克炮塔上,脸上的神情严肃。坦克团只有100多辆坦克,却源源不断地驶过检阅台,连隆美尔的副官施密特中尉都感到震惊。

后来,施密特发现了一辆履带有明显缺陷的坦克,这是他刚刚见过

051

的，这时又开过检阅台。原来，隆美尔命令坦克绕着几个街区来回行驶。

隆美尔不断地向德军致敬，发表了演说："德军将向尼罗河推进，一旦局势出现转机，就把埃及夺回来。"

隆美尔估计英军会很快向西发起进攻。如果英军在德军增援部队到达以前发动进攻，他将难以阻止英军。隆美尔认为，如果英军感觉不到阻力，他们将继续进攻。如果英军看出他们将进行一场恶战，他们就会立即停下来筹备物资。这样，德意联军就能赢得时间加强防御，直到增援部队的到来，再发起反攻。

隆美尔一直渴望第5轻型装甲师部队的增援。但是，第5装甲师计划到4月中旬才能被运到利比亚。

北非发威

德军第3侦察营的坦克和装甲车向阿盖拉阵地扑去，跟在后边的汽车拼命扬起沙尘，德军的大部分"坦克"无法开火，它们是安装在汽车底盘上的假坦克（"纸板师"）。

隆美尔缺少足够的时间来训练德军。除了几堂关于热带常见病的令人生畏的讲座以外，德军没有受到任何训练，官兵们对即将承担的重任并没有做好准备。

第531炊事连带来很多烧木材用的炉子，可是沙漠没有树木，燃料必须从意大利运来。

德军的沙漠训练课包括野外训练和学会穿越沙漠。官兵已经学会了如何忍受酷热和对付成群的黑蚊子、沙漠跳蚤、飞扬的黄沙。

隆美尔要求军官必须与士兵共患难。为了磨练军官们的意志，隆美尔

大漠中的德军车队

把总部从"文明开化区"搬到塞尔特的简陋军营。

隆美尔曾经宣称:"最重要的是,一名指挥官必须与部下建立起一种同志般的关系,这样部队的战斗力才能得到提高。"

为了建立这样的关系,隆美尔与普通士兵一起吃饭,患难与共。一个参谋部的军官回忆说:"将军觉得很有必要听一听直接面对敌人作战的士兵有什么高见,他经常爬到掩体中跟士兵们聊一会儿。"

隆美尔和部下之间的相互信任和了解,无法用语言解释清楚。无论隆美尔把他们带到哪里或者让他们做任何事,他们都会坚决地服从。

战争仍在继续,当时隆美尔并不知道,英国已经把主力部队调往希腊了。利比亚昔兰尼加省变成了由"少得不能再少的部队"负责维持治安的战区。中东英军司令官韦维尔的澳大利亚第6师被换成了第9师,英军第2装甲师的到来无法弥补第7装甲师的损失。

另外,第9师和英国第2装甲师抽调了大部人马用于希腊战场,只剩一个缺乏训练、装备不足的步兵师和一个缺乏训练的装甲旅。新任的英军指挥官尼姆中将，以作战勇敢而著称，但对沙漠战争毫无经验。

1941年3月中旬，韦维尔从开罗飞抵班加西地区，视察英军阵地。韦维尔原以为班加西南部的斜坡是一道屏障，坦克只能从几处易守难攻的地段通过。等他亲眼看了斜坡后，才发现坦克可以从任何一处通过，根本无法防守。

韦维尔发现尼姆的战略部署漏洞百出，立即下令进行了调整。韦维尔还发现作为英军主力的第2装甲师的52辆坦克中竟有一半停在维修车间里，每天都有坦克出现故障。

韦维尔指示尼姆，一旦驻守阿盖拉的部队遭受攻击，就撤回班加西，在沿途进行阻击战。如果战况恶化，就放弃班加西，把坦克调到班加西东部的斜坡上以保存实力。

隆美尔到来的消息在开罗引起了英军的不安。韦维尔则认为，德军将2个师的兵力和装备运到的黎波里，至少也要2个月。在上半年，英军不会有什么危险，隆美尔也不会在炎热的夏季发动进攻。就连德国最高统帅部也这样认为。

但隆美尔却不这么想，他准备在阿盖拉附近探一探英军的虚实。1941年2月24日，一支德军侦察队在阿盖拉前线袭击了英军。

英军的3辆装甲车被击毁，3名英军成了俘虏，德军毫无损失。英军并没有组织反攻，隆美尔认为，发动全面进攻的时机成熟了。

3月19日，隆美尔飞抵柏林，他希望为即将进行的大规模进攻赢得上司们的支持。希特勒授予隆美尔铁十字勋章，表彰隆美尔在法国的战绩。

隆美尔请求批准他向英军发起大规模进攻，但德国陆军元帅给隆美尔的任务却是防御，因为目前德国还没有运送足够的德军把英军赶出利比亚的昔兰尼加省。

希特勒和隆美尔与士兵交谈

布劳希奇解释说，大约在5月底第15坦克师到达后，可以对英军的前沿阵地发起有限的进攻，最远到达艾季达比亚。然后攻占班加西，但不能发动全面进攻。

隆美尔说，德军必须占领昔兰尼加，仅仅占领班加西地区无法防守。最后，布劳希奇下令，隆美尔在5月底之前不准采取任何行动。

3月24日，隆美尔不顾北非意军总司令加里博第将军的劝阻，指挥德意联军向英军最前沿阵地发起试探性进攻，英军退守阿盖拉。

德军魏克玛少校指挥第3侦察营的坦克和装甲车向阿盖拉扑去。跟在后边的汽车拼命扬起滚滚沙尘，德军的大部分"坦克"无法开火，它们是安装在汽车底盘上的假坦克（"纸板师"）。

坚守阿盖拉的英军吓破了胆，逃到阿盖拉东北30英里的梅塞布列加。

3月26日，听到德军未遭到任何抵抗就攻占阿盖拉的消息后，丘吉尔立即打电报给韦维尔："我猜想你是在等待乌龟把头伸出足够长,再把它斩断吧。"

在长长的回电中,韦维尔解释说他手中没有部队可增援尼姆。但是,他相信德意联军不会很快发动大规模的进攻。韦维尔之所以这样解释是因为他窃听了隆美尔与柏林之间通过无线电进行的绝密谈话,柏林不允许隆美尔在5月下旬以前发动大规模的进攻。

德意联军在阿盖拉已经驻守了一个星期,隆美尔担心如果他坐等增援,英军会利用这段时间构筑工事,使梅塞布列加变成坚固的堡垒。

3月30日,韦维尔电告尼姆,不要对德意联军过于担心,至少在一个月内隆美尔不会发动任何大的进攻。

31日,隆美尔突然下令进攻梅塞布列加。沿着滨海大道向前推进的第5坦克团是德意联军的主攻部队。英军在梅塞布列加拼命阻击,德军在密集的炮火下无法前进。下午晚些时候,隆美尔命令斯图卡轰炸机轰炸英军炮队,德军第8机枪营也参加了进攻。德国第2机枪营绕过山区,从侧翼进攻英军。当德军向弹痕累累的梅塞布列加冲去的时候,英军仓皇而逃。

隆美尔得知英军仍在向北撤退,而没有为下一次阻击修筑防御工事,昔兰尼加省门户大开,对隆美尔来说,这是一次他无法不受诱惑的机会。

1941年4月2日,隆美尔命令第5装甲师继续进攻艾季达比亚。下午3点半,德军第5装甲团在公路以南进行了小规模的作战。

当时,第5装甲团遭遇一群躲在贝都因人帐篷中的英国坦克。德军立即从震惊中反应过来,在威力强劲的88毫米火炮的支援下,德军击毁了7辆英军坦克,德军损失了3辆。英军马上撤退,因为第2装甲师剩下的坦克不足50辆了。就这样,英军开始了第一次从昔兰尼加的总撤退。

很快,德军占领了艾季达比亚及其附近港口须提那。当时,隆美尔的第5装甲师只有第5装甲团,两个机枪营、两个侦察营、3个炮兵连和一

德国第 5 装甲师的坦克在前进过程中

个高射炮营。

加里博第曾经阻止隆美尔，但是隆美尔说："我决定跟住撤退的英军的脚步，一举拿下昔兰尼加。"

4月3日，加里博第和隆美尔再次发生争吵。恰巧，德国陆军总参谋长凯特尔元帅发来电报，命令德军牵制英军，但不要冒进。

隆美尔拿着电报对加里博第说："这次，我向前进攻，你不反对了吧？"加里博第郁郁不乐地转身离开了。

隆美尔分兵三路，一路沿滨海大道攻打班加西，一路攻打摩顿格拉那和本加尼亚，一路攻打安提拉特和摩苏斯。德军到处发起佯攻，一旦英军逃跑，立即跟进。

在艾季达比亚的前线指挥部中，通信兵跑来跑去，报告德军的最新消息。作战参谋乔治·艾雷特少校忙着在地图上标示德军和英军的态势。

隆美尔把主要精力用于乘坐飞机或乘车督促德军前进上。一位指挥官刚刚命令纵队暂停前进，隆美尔就从侦察机里扔出了纸片："除非你马上前进，否则我要下来了。隆美尔。"

4月3日，第5装甲师的大部分车辆严重缺油，需要4天的时间加油。隆美尔下令所有的卡车放下士兵返回补给站，必须在24小时之内带回足够的燃料、食物和弹药。这样一来，第5装甲师脱离战斗的时间只有1天，而不是4天。但这是非常危险的——1天内第5装甲师将寸步难行。

当天，对隆美尔的冒险进军已怒不可遏的加里博第要求隆美尔停止一切战斗，未经允许不准再前进一步。很快，双方又发生了激烈的争吵。

晚上，德军攻占班加西。德军的闪电战产生了预期的效果：尼姆将军率领的英军出现了大恐慌，英军进行了长达一周的500英里（约805千米）大溃退。英国人后来称这次撤退为"托布鲁克大赛马"，这是英军历史上最不光彩的一周。英军在混乱中向后方溃退，几十人挤在一辆卡车上，因睡眠不足精神处于崩溃状态。

在安提拉，一位英军下士大声尖叫："快跑呀！德国人来啦！"米切尔中校威胁向他开枪才迫使他停止叫喊。在摩苏斯，一名英军上尉听说德军正在开来下令引爆了整个师的燃料库，以免它们落入德军之手，结果"敌军"是一支英军巡逻队。

尼姆从班加西东北50英里的巴斯总部多次给英军拍发电报，企图组织阻击，但早已失去了对英军的控制。4月2日，韦维尔连忙派人去请奥康纳接掌尼姆的指挥权。4月3日，奥康纳的到来也无法阻止英军的溃退。

隆美尔发挥了他的优势，并且不遗余力保持优势。隆美尔指出："事情愈来愈清楚，英军真的认为德军很强大，其实德军并不强大，通过装出即将发动大规模进攻的假象，让英军上当，这是最重要的。"隆美尔是不会让任何战机偷偷地从身边溜走的。

英军第2装甲师向沙漠小镇梅尼奇撤退，一路上，在各种小规模战斗

隆美尔在指挥车上指挥第5装甲师作战

中，又损失了大量坦克。隆美尔命令德军向梅尼奇齐头并进，3支强大的德军纵队掀起了滚滚黄沙，向梅尼奇发起突击：第5轻型师的主力和"阿里塔"师由本加尼亚和腾杰得尔一带向前进攻；第5坦克团和40辆意军坦克由摩苏斯一带向前进攻；第3侦察营从班加西向查鲁伯一带进攻。

第4支德意纵队顺着滨海大道进攻德尔纳。澳大利亚第9师曾经计划在一处干涸的河床上有力地阻击德军。继而，4月6日，抵达梅尼奇南部地区的德军和正顺着滨海大道直扑过来的德意纵队即将对澳大利亚第9师形成夹攻之势，澳军第9师连忙撤出德尔纳。

当时，马丁中校的"诺森柏兰明火枪团"正好也在德尔纳，他们没有接到任何撤退的命令。第9师撤退的运输车队的马达轰鸣声让他们发现了一个令人气愤的事实：他们被抛弃了。"诺森柏兰明火枪团"立即整装完毕，向东全速撤退。

夜里，尼姆和奥康纳突然发现英军第2装甲师不见了。两位将军立即从指挥部撤退，乘坐指挥车向东边大约100英里（约161千米）处的特米快速驶去。但由于他们走错了一个岔道口，向北进入德尔纳。第二天凌晨3时，在后排座上熟睡的尼姆突然醒了过来，发现他们正挤在德尔纳郊外的一支车队中间。在黑暗中，传来操着德国话的喝骂声，尼姆的司机说："我希望他们是些塞浦路斯司机，先生。"

很快，两位将军就看见几支轻机枪在他们眼前晃动，德军把他们俘虏了。此后的3年，尼姆和奥康纳作为战俘被关押在意大利北部。

奥康纳将军的被俘对英军来说是个重大的损失，后来，他用自嘲的口气回忆道："真是让人震惊，可能是我太自负了，没想到会有这样的运气，我们竟然把车开进了德军巡逻队的地盘。"

在浩瀚的沙漠战场上，困惑并不只是缠绕着英军。德军的先头部队也与隆美尔失去了联络。德军先头部队的一个指挥官回忆道："在风暴中看不出3码远。中午，风暴停止了，我们像鼹鼠一样从洞里爬出来，把一切东西重新挖出来。"

进入沙漠后，道路不见了，意军提供的地图毫无用处了。为了更好地指挥德军，隆美尔经常乘坐容克52式运输机或者轻型斯托奇飞机在沙漠上空巡视，督促部队快速挺进。对那些迷路的德军，一经发现，就给他们指出正确的方向。

隆美尔曾经两次把英军当作德军。当时，隆美尔从飞机上向下看，认为他所看见的部队是德军纵队。他命令驾驶员不断进行盘旋，地面上的部队在一块平缓空地上用布摆出巨大的着陆十字形图案。

当飞机即将触地着陆时，隆美尔通过那支部队戴着的钢盔认出他们是英国人。飞机马上升空，直插云霄，英军曾用机枪进行射击，将飞机尾部击穿了一个洞。

隆美尔经常乘坐容克 52 式运输机在沙漠上空巡视

德军在沙漠行进中经常迷路，汽油短缺的现象十分严重。不过，4月7日，德军和意军仍然包围了梅尼奇。

被包围的是英军第 2 装甲师的一些残部，印度第 3 机械化旅和其他几支未能撤退的部队。德军要求被困的英军第 2 装甲师师长佩利少将率英军投降，佩利少将拒绝了。

4月8日，隆美尔急于飞往梅尼奇，突然，飞机飞到意大利步枪营的射击圈内，差点儿被意军误击中。几分钟后，隆美尔命令飞机降落。飞机在降落时不慎碰到了一座沙丘，折断了起落架。

隆美尔打着旗号命令路过的一辆德军卡车停下，而这辆卡车被沙尘暴困住了几个小时。隆美尔抱怨道："真是倒霉的一天！"

这时，战斗仍然继续。隆美尔当天晚些时候到达梅尼奇，梅尼奇已被第 5 装甲师占领了。

同一天，隆美尔乘车到达海岸边的德尔纳。在德尔纳，德军取得了另一场胜利。波纳斯上校的第 8 机枪营占领了德尔纳。

两天前，隆美尔曾经命令波纳斯上校堵住英军沿巴比亚谷地的逃亡路线。第 8 机枪营为了阻止英军的一次突围，差点弹尽粮绝，但他们非常兴奋，他们俘虏了 1 名将军。

4 月 10 日，已经占领昔兰尼加 2/3 地区的隆美尔告诉他的部下下一个进攻目标：苏伊士运河。作为该作战计划的第一步，德意联军必须占领德尔纳以东 161 千米的海港托布鲁克。托布鲁克控制着利比亚进入埃及的交通运输线，是班加西以东最好的海港，能够缓解德军的补给困境。

4 月中旬，德意联军进驻利埃边境，占领了除托布鲁克以外的昔兰尼加省。隆美尔准备增援部队到达后，再率军进攻埃及首都开罗。当时，希特勒正准备集中兵力攻打苏联，不再向北非增兵。

隆美尔在北非的闪击战，只用了几个月就使英军在北非战场上的战果丧失，获得了巨大胜利。

隆美尔（右）在沙漠中一片路障后观察地形

德意联军围攻托布鲁克

德军坦克占领了高地，转而攻向托布鲁克。德军坦克排成5千米宽、3千米深的楔形队形冲向环形防护网。

1941年4月中旬，德军波斯纳的部队已经精疲力尽了，他向隆美尔报告说：他们的每挺机枪只剩下最后一条子弹带了。但隆美尔的态度十分强硬，命令波斯纳马上沿公路向托布鲁克推进。

4月11日，德军包围托布鲁克。隆美尔下令发起全面进攻，希望在英军有可能组织起新的防线前拿下该港口。

这一次，隆美尔没有让第5装甲师师长斯特莱希指挥先头部队，而改用第15装甲师师长普里特维茨少将。普里特维茨已经先于第15装甲师飞到了利比亚。

4月10日临近中午，在距离托布鲁克10千米处，普里特维茨正站在汽车里指挥进攻，一排反坦克弹袭来，普里特维茨当场身亡。

几个小时后，隆美尔乘飞机正在托布鲁克南边上空进行侦察时，一辆英国指挥车向飞机追来。隆美尔命令架起机枪刚要准备射击时，英国指挥车突然站住，从车里跳出了斯特莱希，他朝飞机大声喊话。

隆美尔生气地喊道："你怎么能驾驶英国车在后边追我？我刚要向你开火呢。"

"开吧，如果开火，将军阁下，你一天内就会失去两个装甲师师长。"

隆美尔愤怒地命令斯特莱希和第5装甲团团长赫伯特·奥尔布里奇继续进攻托布鲁克。

隆美尔认为，他的部队面对的是一支准备大撤退的弱旅。不攻下托布鲁克，隆美尔在班加西以东的昔兰尼加省就找不到合适的海港。德军每天需要1500吨物资，不攻下托布鲁克，德军的给养只能从班加西或者的黎波里穿过沙漠长途运输。

现在，英军的所有食物、弹药和装备都在德军的轰炸下通过海上运送，德军已经掌握了托布鲁克的制空权。

驻守托布鲁克的英澳联军由51岁的澳大利亚少将莫谢特指挥。莫谢特的所属部队包括澳大利亚步兵第9步兵师及其特种旅、英国炮兵、英国防空炮队和工程兵小分队，还有几辆英国皇家坦克团的"马蒂尔达"坦克。

莫谢特向部队下令："托布鲁克不是敦刻尔克，如果大家要出去，必须与德意联军作战。不准投降，更不准逃跑！"

远在开罗的韦维尔察看着一张地图，地图上标示着所剩无几的英军部队分散驻守在450平方英里的沙漠中。韦维尔电告驻守托布鲁克的莫谢特少将："在你与开罗之间什么都没有了。"

这一点，隆美尔早就意识到了。在以后的几天中，德军将绕过托布鲁克的英澳联军，从海边向东攻占卡普佐要塞、塞卢姆和哈法亚隘口，可是，只要英澳联军坚守住托布鲁克，就对隆美尔的后方构成巨大的威胁，德军对卡普佐要塞、塞卢姆和哈法亚隘口的攻占就是毫无用处的。

托布鲁克早就是隆美尔的眼中钉了，近7个月以来一直让他郁郁不乐。隆美尔一心想占领埃及和苏伊士运河，可是现在还是被托布鲁克的英澳联军挡住了。

早在3月中旬，英军已经加固了在托布鲁克附近原有的由意军修建的防御工事。

面积为220平方英里的托布鲁克比隆美尔想像的坚固得多。托布鲁克的被称为"红色防线"的防御周长达30英里（约48千米），到处都是相互缠绕的带刺铁丝网，连结着140座强大的火力点，地下掩体上修筑了钢

英国坦克向托布鲁克挺进

筋水泥保护层，每个火力点可以住 20 人。

"红色防线"后面两英里（约 3.2 千米）处是"蓝色防线"。"蓝色防线"上布设了许多地雷，穿越其间的铁丝网更多，每隔 500 码就有一个强大的火力点。

隆美尔估计，当德军坦克攻下外围防线后，托布鲁克将禁不住一场更大规模的装甲大战。隆美尔把进攻时间定为 4 月 14 日的"复活节"那一天。

4 月 14 日 5 时 20 分，德军第 5 轻型师的大批坦克没有遇到阻击就越过了托布鲁克以南的一道铁丝网阵地，因为藏在"红色防线"地下掩体中的澳军士兵不敢招惹德军坦克。

当德军步兵冲过澳军士兵的掩体时，澳军从德军身后疯狂扫射。德军坦克没有看到身后那些陷入绝境的德军士兵，继续威武地向前进攻，他们已经到达"蓝色防线",正在钻入危险的圈套中。

突然,德军坦克兵发现他们已经被一道道强大的火力网包围了。在不远处,英军的野战重炮从两侧向德军坦克猛烈开炮。

一辆德军坦克的炮塔被炮弹直接命中,炮弹的爆炸力把炮塔从炮座上炸飞了。

德军中校古斯塔夫·帕纳森乘座小汽车闯入战场,小汽车被一发反坦克炮弹炸碎。

阵地上到处都是硝烟和沙尘,德军坦克驾驶员和炮手们什么都看不清,他们开着坦克到处乱跑。后来,他们好不容易杀出一条血路,陆续退回外围阵地。

在这次进攻中,德军失去了17辆坦克,有一辆是被澳军用一根铁橇捅进履带而毁掉的。德军第8机枪营伤亡过半。这次进攻十分混乱,一位德国坦克指挥官后来回忆道:"我们能活着出来真是万幸。"

隆美尔打了败仗,恼羞成怒。他大骂第5装甲师师长斯特莱希少将,说第5装甲师没有尽全力,他骂斯特莱希和奥尔布里奇优柔寡断。

4月16日,隆美尔亲自指挥,增派"阿里塔"师和意军一个步兵师攻打托布鲁克的西部阵地。刚刚遭到火力攻击,意军坦克就逃跑了。

不管隆美尔怎样开导意军指挥官,他们就是不敢应战。澳大利亚军队发动了一次反攻,意军一触即溃,很快就投降了。

德军发现一辆英军侦察车竟能押送整整一个连的意军走向战俘营。德军向英军侦察车进行了火力打击,想给可怜的意军官兵创造逃生的机会。意军官兵确实逃跑了,但却朝向英军的防线。

在两天的作战中,800多名意军官兵被俘虏。"阿里塔"师失去了90%的坦克,也丧失了战斗的勇气。4月17日,隆美尔下令停止进攻。

隆美尔认为,只要援军一到,他还是能占领托布鲁克的。他又低估了英澳联军的实力。

第二章 "非洲军团"出动

当时，澳大利亚的一家报纸曾用"托布鲁克勇敢地接受惩罚"为标题发表评论文章，莫谢特狂吼道："我们不是来接受惩罚的，我们是来惩罚敌人的。"

每天夜晚，他都派出20人的阻击手小分队偷袭德军。很快，隆美尔就发现了阻击手的强大威力。

一天上午，隆美尔亲赴意军防守的阵地上调查，发现了一些胡乱扔弃的钢盔，上面镂有阻击步枪团的徽标：雄鸡尾羽。原来在一夜之间，整整一个营的意军官兵都被莫谢特的阻击手俘虏了。

在莫谢特的部队中，拉其普特人是来自印度德普尔的武士阶层，他们曾因高估德意军队伤亡的数目而受到批评。一天深夜，他们回到兵营时带来了两小袋证据：32只耳朵。

为了对付狙击手的偷袭，包围托布鲁克的德军官兵干脆把生物钟完全颠倒过来。

对英澳联军来说，他们担心的是德军轰炸机的轰炸和扫射，而最让他们头疼的是德军的斯图卡式轰炸机。

当时，德国空军占有绝对优势。英国皇家空军需要分散力量到其他战区支援，再加上距离太远，英澳联军很难得到英国皇家空军的支援。

德国空军和隆美尔已经做了最大的努力，但托布鲁克的英澳联军并没有被打垮。

德军官兵希望坦克群一开近，英澳联军就投降。他们对隆美尔闪电战深信不疑，一个德军战斗营甚至让后勤车队紧跟在攻击部队的后面。

在双方的阵地上，共同具有的危难意识使德意联军和英澳联军之间萌发了某种扭曲的情感，双方都在沙地的煎熬下喘息着。

每天夜里9时57分，英军和德国官兵都会打开收音机，将频率调到"贝尔格莱德电台"，收听勒贝·安德森演唱的《莉莉·玛莲》，在人们的心目中这首歌变成了一支圣曲。

4月30日，增援的德第15坦克师陆续向隆美尔报到。隆美尔决定发动新的进攻。傍晚6时30分，德军向托布鲁克发动了更加残酷的大规模进攻。

斯图卡式俯冲轰炸机和德军炮兵部队对阵地西南一座"拉斯伊·梅道尔"的山头进行了疯狂的轰炸。德军坦克群趁机越过"拉斯伊·梅道尔"山头。

在3个小时内，德军士兵将军旗插上了山顶。然后，德军坦克占领了高地，转而攻向托布鲁克。德军坦克排成5千米宽，3千米深的楔形队形冲向环形防护网。

德军坦克群再次钻入"蓝色防线"。但德军坦克无法攻克由澳军士兵把守的火力点。澳军士兵作战十分勇敢，伤员仍然继续战斗，直至死亡。

夜晚，携带喷火器的德军战地工兵冲上去喷射火焰，使一些据点中的澳军士兵被迫逃出来。

英军在托布鲁克抓获的意军俘虏

第 2 天一早，德军的大炮仍在继续轰炸，隆美尔在占领的掩体之间匍匐前进。隆美尔增加了援军，但双方一直僵持不下。

5 月 1 日上午，当英军用重炮报复德军坦克时，许多澳军火力点趁机从后面攻击德军坦克。双方进攻和反进攻的拉锯战残酷地打了 3 天，滚滚风沙使双方指挥官都失去了对军队的控制。

在一片混乱中，没有人能够确切地把握哪一方已经取胜了。一名德军救护人员驾驶救护车来到铁丝网阵地前，发现一名澳军士兵正向他瞄准，便走上前去大声怒骂。他以为隆美尔已经占领了托布鲁克，便到前线来照料德军伤员。这位澳军士兵把他带到了战俘营，让他照料德国战俘。

5 月 4 日，为了继续向前进攻，德军付出了开战以来最惨重的一次伤亡——1200 多人伤亡。这场战斗也是目前为止隆美尔的部队损失最惨重的一次。

德国最高统帅部副参谋长保卢斯中将亲眼目睹了这一血淋淋的战争场面。他是 4 月 27 日飞抵利比亚的，当时，德国正在抓紧宝贵的时间准备进攻苏联，这次保卢斯被派往利比亚，是因为隆美尔的一意孤行使参谋长哈尔德上将感到震惊。

保卢斯命令隆美尔停止进攻。他被伤亡的惨重和战斗的激烈吓坏了，他在回到柏林前，命令隆美尔严防死守，直到供应短缺的问题得到解决为止。

陆军元帅布劳希奇发来最后通谍，这位总司令命令隆美尔不准再向托布鲁克进攻，隆美尔必须保存实力。隆美尔对被迫停止进攻感到痛心疾首。不过，不久之后，隆美尔被证明他同样擅长防御，就像他擅长进攻一样。

第三章
德军转战北非

"战斧"计划

隆美尔主持了一连串会议,隆美尔指出英军在哈法亚隘口配置的兵力不足,他决定夺取哈法亚隘口。

在利比亚,英军只剩下最后一块飞地——托布鲁克港了。驻守埃及尼罗河三角洲地区的所有部队都被调往埃及边境,以阻止德国进攻埃及。隆美尔认为,只有占领了托布鲁克,控制港口设施后,他才能向东进攻埃及。

德国正忙于征服苏联,希特勒把主要精力都集中在苏联战场了,很少有时间考虑向非洲增兵。而丘吉尔却把北非翼侧阵地看得几乎与英国本土一样重要。丘吉尔不顾本土英军装备不足的窘境,下令向北非增兵。

1941年5月,韦维尔的第13集团军正式成立,包括第4印度师、新建第7装甲师及第22警卫旅。韦维尔对第13集团军仍然不满意,不想向隆美尔的德军发起反攻。丘吉尔反对韦维尔的拖延行为,不断要求韦维尔组织反攻。

5月12日,4艘英国舰艇驶抵亚历山大港,运来238辆坦克,其中"马蒂尔达"式坦克为135辆,比韦维尔为保卫埃及集中起来的坦克多3倍。

兵力增强后,丘吉尔急于战胜德军,以提高英军的士气,命令韦维尔立即发动反攻。

韦维尔派一支由戈特旅长指挥的装甲和步兵混合部队,坚守战略要地哈法亚隘口、卡普佐要塞和塞卢姆附近的几个据点。

5月15日,韦维尔发动了代号为"短促行动"的进攻。一部分英军从正面攻打哈法亚隘口以及塞卢姆防线,装甲部队从哈巴塔地区出发,先

第三章　德军转战北非

隆美尔乘半履带式装甲车赶往塞卢姆前线

向西北再转向正北攻打卡普佐堡。

在哈法亚隘口，英军与意军相遇了。意军边打边从哈法亚撤退，英军坦克攻入利比亚境内10多千米的西迪阿则兹，意军突然开始了顽强的阻击。

第2天上午，德军控制了战场的局面。5月16日下午，英军损失了18辆坦克，退守东南方向的哈法亚。

代号为"短促行动"的进攻战持续不到两天，英军付出了惨重的代价，重新占领了哈法亚。

如果英军长期占据哈法亚高地，那么德意联军在托布鲁克的外围将容易受到攻击。最重要的是，哈法亚高地是德军进攻埃及的主要通道。

而塞卢姆防线的作战对隆美尔来说是很难堪的，塞卢姆防线多次告急。5月22日，隆美尔乘车来到塞卢姆前线。德军刚打退了英军。隆美尔主持了一连串会议，隆美尔指出英军在哈法亚隘口配置的兵力不足，他决定夺取哈法亚隘口。

5月26日晚上，德军汉斯·克拉默上校的第8装甲团从西南方向进攻关隘，德军第104步兵团的一个营从东北方向进攻关隘。德军冲上蛇形道路，与英军展开了肉搏战。

27日，德军第104步兵团冲上关隘的顶部，与第8装甲团会师。

战斗过后，隆美尔知道韦维尔决不肯善罢甘休，不久就会发动反攻。他连忙指挥德军加强了塞卢姆、哈法亚隘口和巴迪亚的防御力量。

5月28日，韦维尔向大英帝国总参谋部发电，抱怨了北非英军武器装备匮乏的情况。事实上，英国失败的主要原因是采取了错误的战术，再加上战场上各个部队之间缺乏配合。对沙漠作战经验丰富的英军在德军的军事行动面前显得行动迟缓、反应迟钝。

英军在坦克机械故障的维修和处理上落后于德军。隆美尔在主力部队后部署了维修队，能在最短的时间内使出故障的坦克重新作战。相反，英军却把坏坦克送到后方基地修理，耽误了大量的时间。

哈法亚隘口扼守通向塞卢姆的海岸公路，将埃及沿海平原与利比亚沙漠高原分隔开来，战略地位十分重要。隆美尔派威勒姆·巴赫上尉坚守哈法亚隘口，巴赫曾经当过牧师。他曾经率部参加5月底攻占哈法亚隘口的战斗。

德意联军从哈法亚向沙漠高原修筑了新的要塞防线，这条防线有很多据点，包括卡普佐以南8千米左右的206号据点和哈菲德山梁上的208号据点。如果巴赫率领的德意联军守住哈法亚隘口，那么英国装甲部队将被迫进入沙漠作战。

隆美尔不愿呆在安全的后方，他不相信间接取得的报告。隆美尔每天都去前线视察，认为这是取得胜利的关键。一位部下回忆道："将军在视察前线时，能发现一切问题，如果大炮没有伪装好，埋设的地雷数量不足，巡逻兵没有足够的装备，隆美尔都会亲自查问。"

6月上旬，德军第15装甲师全部到达利比亚。英军正在准备着进行

第三章　德军转战北非

德意联军在北非挫败英军"战斧作战计划"的重要武器——88毫米高射炮

一场大规模的进攻，这次进攻的代号为"战斧作战计划"。丘吉尔命令英军一举歼灭隆美尔。

6月14日晚，隆美尔命令德意联军进入战备状态。

"战斧"计划的策划者、英军西线沙漠作战司令皮尔斯将军下令进攻。

15日清晨4点半，英军兵分两路分别在海岸平原和高原地区展开进攻。双方的实力相差太大：英军拥有300辆坦克，116架战斗机和128架轰炸机，而隆美尔只有150辆坦克，60架战斗机和79架轰炸机，大炮数量明显少于英军。隆美尔第一次遭到了围攻，被迫指挥一场防御战。

由于缺乏足够的自信，英军"战斧行动"的进攻目标只是摧毁隆美尔在哈法亚的部队，以缓解驻托布鲁克的英澳联军的压力，把隆美尔的部队尽量向西驱赶。

"战斧行动"的计划由佩尔斯中将负责指挥，事实上，该计划的准备是不够充分的。新组建的第8军中的许多部队是从正规军中抽调出来的，训练不足、缺乏自信。最糟糕的是，装甲部队与步兵部队之间无法进行及时的通讯联络。

佩尔斯喜欢待在后方，他把总部设在离利比亚边境 97 千米的西迪拜拉尼，结果无法根据战场上新出现的战况作出反应。

6 月 15 日拂晓，英军向德军发起全面进攻。

中路的坦克团冲向卡普佐。该团全部装备着"马蒂尔达"重型坦克，阵地上的德军第 8 机枪营对"马蒂尔达"毫无办法，因为反坦克炮弹无法射穿装甲。英军坦克在德军阵地上威风凛凛，来回碾压，把很多德国大炮碾碎，德军炮手们被迫撤退。很快，英军占领了卡普佐。

北路的英军也拥有"马蒂尔达"重型坦克，但它的威力被隆美尔在情急之下想出来的一个办法给抵消了。英军坦克在德军反坦克炮面前横冲直撞，隆美尔发现这场战斗的胜负在于能否找到对付"马蒂尔达"坦克的办法。忽然，这个学生时代的高材生发现了几门 88 毫米的高射炮，他下令把炮管放平，准备炮击即将进攻的"马蒂尔达"坦克。

巴赫上尉和士兵们在哈法亚隘口上的据点中整夜守候着，他们忍受着跳蚤的不断进攻。凌晨 4 时天亮了，随着阵阵马达声的响起，远处出现了滚滚沙尘。当庞大的装甲车队扑来时，德军的神经又绷紧了。英军的炮弹不断地落在德军的阵地上。

随着英军越来越近，巴赫上尉下达了开火的命令。6 门 88 毫米的高射炮发出英联邦的印度军队从没有听过的巨响。德军的其他反坦克炮也发威了，几辆"马蒂尔达"坦克冒出浓烟，履带、炮架被打烂。坦克后边的印度步兵向前发起冲锋，被密集的炮火炸飞。英国的炮兵部队瞄准意军的炮兵阵地轰炸，但仍然无法压制住。德军的炮队不停地发炮，英军被迫撤退。

巴赫上尉率部顽强地坚守着哈法亚隘口。高射炮成为隆美尔战胜英军"战斧计划"的重要武器。他把仅有的 12 门高射炮分为两组，一组放在最重要的哈勒法山隘口，另一组放在哈菲德岭。

进攻哈菲德岭的英军坦克遭受德军高射炮的重击，德军第15装甲师使英军的60多辆坦克变成了沙漠中的废铁。

夜晚，疲惫不堪的英军停止了进攻。隆美尔大胆地作出了一个决定，命令第5装甲师和第15装甲师立即撤出战斗，于拂晓前绕到英军的侧翼，把英军赶下地中海。

在正面战场上，英军准备第二天发起进攻。突然，德军从侧面发起进攻，英军陷入了混乱。接着，隆美尔命令第5装甲师和第15装甲师向英军发动钳形攻势，一直打到坦克的汽油烧干为止。

战斗结束后，隆美尔把军官们的报告与无线电窃听到的情报结合在一起，制定了一个计划：第15装甲师进攻卡普佐的梅塞韦指挥的英军，同时，第5装甲师向西迪欧麦尔进发，再从东边进攻西迪苏来曼，最后与哈法亚隘口的德军会师，切断英军的退路。

16日凌晨，德军发动了反攻，不仅没有取胜，而且损失很大。隆美尔认为，如果英军不顾一切地集中兵力发动反攻，他将被迫放弃包围托布鲁克的计划。

当晚12：35分，隆美尔命令第15装甲师撤出卡普佐与第5装甲师一同插入英军侧翼，冲向哈法亚海岸，解除英军对哈法亚隘口的包围，切断英军的退路。

17日早晨6时，第5装甲师到达第一个目的地西迪苏莱曼。第15装甲师也到达了指定位置。7：45分，德军电台监听到英军第7坦克旅请求皮尔斯将军前来挽救局势。隆美尔断定皮尔斯已经开始失去对英军的控制，遂命令两个师立即向哈法亚隘口附近的英军进攻，防止英军装甲部队从北面逃跑。

德军发起了突然袭击，英军陷入混乱。上午10时，英军撤回埃及。结果，英军保存了实力。"战斧作战"结束了。

在3天的战斗中,虽然英军的伤亡人数不足1000人,但英军的士气更加低落,其装甲部队损失91辆坦克。

6月18日,隆美尔离开了作战指挥部,驱车看望筋疲力尽的德军和意军士兵,向他们表示谢意。看着这么多喜气洋洋的面孔,隆美尔深受鼓舞。他向柏林沾沾自喜地报告摧毁了英军180辆到200辆坦克,几天后夸大为250辆。而德国损失25辆坦克,这却是事实。

隆美尔一共用了3天的时间视察战场,向将士们表达谢意。在哈法亚隘口,他表扬了巴赫上尉,向柏林建议给巴赫授予一枚"铁十字"勋章,晋升巴赫为少校。这时,隆美尔的部队战斗力大增,官兵们对他充满了信任。

尽管兵员和物资紧缺,隆美尔仍然准备再次攻打托布鲁克。隆美尔找到了一些进攻点,下令将大炮瞄准要塞。他在沙漠里到处巡视,往来穿梭于各个阵地之间,经常突然出现在官兵们面前,监视工事的修筑情况,研

隆美尔向将士们表达谢意

究最佳的进攻方案。

1941年6月,隆美尔以卓越的指挥和出色的训练打败了英军,以至于英军官兵们每次谈到隆美尔的部队时,都不免流露出敬畏的神情。

在德国,隆美尔的声誉达到了高峰。在希特勒的授意下,49岁的隆美尔晋升上将。只用了两年时间,隆美尔从中校一跃成为德国陆军中最年轻的上将。

隆美尔好像对上将并不感兴趣,听到这一消息后,他说:"这当然令人高兴,可是如果可能的话,我还会在肩章上添加更多的星。"

与此相反,英军不断告急,丘吉尔寄予厚望的"战斧计划"没有击倒隆美尔,最后却以失败告终。

在"战斧计划"中,令人害怕的德军88毫米高射炮首次使用。英军的装甲部队对它的杀伤力望而生畏。英军90毫米口径防空炮在反坦克时,反而没有发挥其应有的作用。

丘吉尔决定援助希腊。很多人对丘吉尔的决定深感震惊。韦维尔尤为沮丧,因为他在制定对北非意军的反攻计划时,不得不兼顾希腊战场。

韦维尔痛恨政府干预军事。作为失去了左眼的"一战"老兵,他不认为在"一战"中只有短暂服役经历的丘吉尔能以军事专家自居。为此,他对此前丘吉尔决策的正确性视而不见,更谈不上此后丘吉尔拯救英国于水火的功绩了。

对韦维尔来说,"战斧计划"的失败终止了他在北非的长期军旅生涯。他给英国最高司令部的报告显示了他无所畏惧的勇气:"我不得不遗憾地向大家报告:战斧计划失败了,而全部责任在我……"将过失归于自己是韦维尔的一贯作风。这位将军一夜之间老了10岁,头发全白了,步伐也变得异常沉重。

1941年6月21日,韦维尔的中东英军总司令的职务被奥金莱克上将取代。在丘吉尔眼里,他是最为合适的人选。

"十字军战士行动"

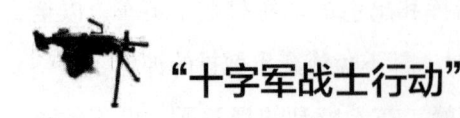

隆美尔回忆说，奥金莱克是他在北非战场上所遇到的唯一有大将之才的人，其才能远在蒙哥马利之上。

德国向苏联宣战后，隆美尔终于弄清楚了希特勒和陆军参谋部拒绝把大批装甲师和给养运往北非的原因。

1941年7月28日，隆美尔回到德国，希特勒批准了他为攻打托布鲁克而提出的很多要求。8月6日，隆美尔说服了墨索里尼，墨索里尼命令卡瓦利诺飞抵利比亚进行必要的部署。

8月15日，德军非洲装甲兵团成立。8月末，一个新编的师到达非洲，即第90轻装甲师。同时，德第5装甲师改编为第21装甲师。这样，隆美尔下辖有第15、第21装甲师和第90轻装甲师。

德军装甲兵团的前线司令部位于甘布特。在整个夏季，隆美尔每天驱车在沙漠里巡视，走遍了每个据点，多次乘车赴塞卢姆前线，调查新据点的修筑情况。

英军在1941年夏季损失惨重，但丘吉尔仍决定把德意联军赶出非洲大陆。新任中东英军总司令奥金莱克是个杰出的战略家。57岁的奥金莱克，绰号"海雀"。他发现英军坦克还不适应沙漠作战的需要，军官们的战术思想落伍，英军需要改进装备和加强训练。奥金莱克决定对沙漠中的英军进行重组，首先保证在数量上占有绝对优势。

奥金莱克精明过人、意志坚定，深受官兵们的爱戴。但他也有弱点，那就是过于自信，没有沙漠作战的经验。

1941年7月，来到北非后，奥金莱克把英军扩编为第8集团军，任

在诺曼底登陆中，盟国轰炸机编队

命在东非作战有功的艾伦·坎宁安中将为司令。第8集团军下辖第13军和第30军，奥斯汀中将担任第13军军长，诺里中将担任第30军军长。

北非的英军共有4个师又3个旅，兵力为13万人，装备了710辆坦克，其中200辆为步兵坦克。

8月，英国多次接到澳大利亚准备从托布鲁克撤军的要求。从被包围的托布鲁克进行水陆两线撤军难度很大，但英国还是同意了。9月底，在英国皇家海军的支援下，澳大利亚第9师成功撤退了。英国面临的另一个难题是各联邦成员国只要愿意就有权随时撤军。在克里特战役中，澳大利亚军和新西兰军损失很大，各联邦成员国对英军的指挥能力产生怀疑。后来，当英国再部署各联邦军队时，变得十分谨慎。

托布鲁克的防务由英军第70师接替，斯科比少将师长担任总指挥，支援英军的有波兰军的一个旅、捷克军的一个营和两个新西兰营。英军要想解托布鲁克之围，必须与驻守利比亚的德意联军进行一场大战。

在甘布特，隆美尔的司令部处于英军炮火的射程之中。1941年9月下旬以来，隆美尔得到情报，英军将发起进攻。他下令修建了从塞卢姆至西迪奥马尔46千米长的阵地和地雷场，把德军第21装甲师部署在甘布萨赫尔以南，以对付英军即将发动的进攻。

1941年11月，奥金莱克在经过4个多月的充分准备以后，发动了目前为止英军在北非沙漠战场上最大的一次进攻——"十字军战士行动"。

奥金莱克想拖住并歼灭隆美尔的装甲部队，以解托布鲁克的英军之围，重新占领昔兰尼加省，进而占领的黎波里。丘吉尔希望"十字军战士行动"能与布莱尼姆和滑铁卢之战相媲美。

奥金莱克制订的具体计划是：坎宁安中将的英国第8集团军作为进攻的主力部队，其中第30军的装甲部队将越过马达莱纳一带的埃及边境，呈大弧形向西北方向挺进，到达加布沙与德军装甲部队作战。在击败德军后，第30军进入西迪雷格附近的一片高地，与托布鲁克英军中的一支突围部队会师。同时，北翼的第13军步兵部队坚守塞卢姆—西迪欧麦尔防线，直到第30军消灭德军装甲部队。

英军在达加布沙进攻前5小时进行的军事行动就像一部冒险小说。11月17日，在风雨交加的夜晚，海浪咆哮着冲向海岸，发出了巨大的轰鸣声。一支英军突击队乘橡皮艇来到海岸，他们奉命暗杀岸上的隆美尔和总参谋部。突击队员们整好了队形，直奔贝达里托利亚，冲向隆美尔的总部。

坐在指挥车上的隆美尔与士兵交谈

他们进错了房间，由于慌乱伤了自己人。英军不知道隆美尔当时正在意大利，突击队员们杀死了4个德国人后，有的被打死，有的被逮捕。

当天，一场前所未有的大暴雨袭击了昔兰尼加地区。暴雨使干涸的河床上爆发了洪水，冲断了桥梁，洪水使德意联军的机场变成了泥潭，侦察飞机无法起飞，英军在沙漠中迅速建立的好几处供应站都没有被德军发现。

11月18日，英国坦克冲进沙漠。英军第30军团的一个情报官达尔，回忆了英军装甲部队行进时的场面："到处都是车辆——车辆所到之处，掀起滚滚沙尘。突然间，我对战争的力量感到了敬畏。"

18日中午，英军发动了进攻。英军第7装甲师在师长戈特的指挥下，冲在最前面。其第7旅顺着托布鲁克向西迪拉杰特进发，穿过一条古老的贩运奴隶的小路，到达目的地。第4旅袭击了德军外围的游动侦察分队，第22装甲旅快速插入，傍晚时分距离指定地点仅20千米。

虽然有消息报告说一支英军坦克沿途驶来，但是隆美尔以为是英军的侦察分队，因此没有给予足够的重视。隆美尔正在指挥部里研究对托布鲁克的进攻计划。

18日下午，侦察部队发现了几股英军，德军装甲军军长克鲁威尔克命令第15装甲师进驻沙漠腹地，准备随时作战。晚上10时，克鲁威尔赶到甘布特，向隆美尔汇报情况。隆美尔认为，英军是想骚扰德军。尽管隆美尔反对，克鲁威尔仍未收回他的命令。这对隆美尔来说是幸运的，德军与英军即将展开的大战，是"二战"中最壮观的装甲车战之一。

19日清晨，英军第7装甲师第22旅向比尔古比发起猛攻。第22旅是一支由骑兵联队改编的装甲部队，首次参加沙漠作战，经验缺乏，但他们发扬骑兵冲锋时的作战风格，冲向意军阵地。

第22装甲旅在意军反坦克火炮强大火力的重击下，伤亡过重，仅4个小时就失去了半数以上的坦克，还有30多辆坦克因故障而瘫痪。几辆坦克躲过猛烈的炮火，冲进意军阵地，最后急忙退出了阵地。

第22装甲旅被迫退守托布鲁克郊区。与此同时，英军第7装甲师第2坦克团和第7轻骑兵队攻占了托布鲁克西南侧的西迪拉杰特，焚烧了飞机场上的飞机，四处扩大战果，对德意联军的空中运输线造成了巨大破坏。

克鲁威尔将军认为，英军正在发动一次大规模的进攻。经过隆美尔的批准后，克鲁威尔从第21装甲师中抽出一支由120辆坦克、12门野战炮和4门88毫米高射炮组成的纵队，去支援侦察部队。

这支增援侦察部队的纵队与盖特豪斯的第4装甲大队遭遇，在这场势均力敌的装甲大战中，德军打了胜仗。德军将23辆"斯图亚特"坦克击毁，而只损失了几辆装甲车。

11月20日，双方都想了解对方的行动计划。克鲁威尔假设英军分成三部分：一部分在加布沙，一部分在西迪雷泽格，一部是曾经把第3侦察分队赶到卡普佐的那支英军。克鲁威尔决定集中装甲力量，围歼各英军纵

英军在北非的第30军的装甲部队

队，第一次遭遇战将在加布沙打响。

没想到，英军监听了克鲁威尔的计划，使得英军的准备十分充分。隆美尔突然意识到德军正面临巨大的危险，下令把德军集中在西迪雷泽格。

下午，德军装甲部队突然袭击英军。西迪雷泽格机场周围高地上的88毫米高射炮和反坦克大炮使英军损失惨重。英军第22装甲大队的79辆坦克中只剩下34辆，第7装甲大队只剩下10辆。

与此同时，德军第15装甲师从西边赶过来增援。第15装甲师开往战场的道路碰巧穿过英军第4装甲大队扎营的阵地。傍晚，德军第15装甲师冲进英军第4装甲大队的指挥部，俘虏了267人和50辆坦克。

在这次战斗中，遭到德军装甲部队猛烈进攻的南非第5大队全军覆灭，损失了几乎所有的炮兵部队和反坦克大炮。在德军150辆装甲车中，有70辆丧失了战斗力。德军机械化步兵师半数以上伤亡。

西迪雷泽格的坦克大战已经结束了，但战斗仍没有结束。隆美尔知道英军的主力已被摧毁，现在，必须趁英军撤退时给予追击，尽早把德军带到西迪欧麦尔。

21日夜，战斗逐渐停止了，英德双方好像有了某种约定一样，纷纷利用短暂的时间补充休整。英军第7装甲师师长戈特刚刚上任就一败涂地，心情十分沉重。被称为"扫荡者"的戈特，以打仗勇猛而声誉四起，但缺乏沙漠作战的经验，对沙漠战斗的复杂性认识不足。戈特指挥作战时各部队缺乏配合，部队兵力分散，陷入被动挨打的困境。

要想战胜隆美尔，必须先发制人，这是戈特反复思考后得出的主要教训。正当戈特积极准备在天亮前发起突然袭击时，德军第15装甲师已经趁夜色绕到第7装甲师的后面了，占领了西北侧的高地。

22日拂晓，德军第15装甲师突然进攻英军第7装甲师。戈特策划了一夜的计划失败了，英军遭到德军炮火的猛烈打击，阵脚大乱，全线溃退。

22日是德国的"烈士星期日"，德国人在这一天纪念第一次世界大战中死难的同胞。第一次世界大战的耻辱唤发了德军誓死报仇的力量。德军成功了，英军第7装甲师付出了自沙漠开战以来最重大的伤亡。

"烈士星期日"的战斗胜利结束后，隆美尔高兴地说："今天，我心里舒服极了，因为我再一次体会了作为帝国军人的荣耀而不是屈辱。不过，这还要感谢英国，是英国送来的好礼物。"

德军撤出昔兰尼加

英国首相丘吉尔评价道："奥金莱克挽救了北非英军，他用自己的行动证明他是一个杰出的野战指挥官。"

就在德军取得了初步胜利、奥金莱克苦无妙计时，战场上出现了变化。隆美尔决定，不再与英军第30军交战了。隆美尔命令装甲部队向西进发,"冲向铁丝网",切断英军的边境补给线。

11月24日,隆美尔率领德国第21装甲师到达利比亚边境地区,冲向英国第8集团军的后方,同时命令德国第15装甲师和意大利机动军紧跟上来。

隆美尔的指挥车冲在第21装甲师的最前边,率领德军开始了疯狂的追击,完全忽视了英军对侧翼的威胁。下午,第21装甲师前部到达边境线,身后的第21装甲师在沙漠上拉开了60多千米长的战线。

这时,英军第30军一片混乱,坎宁安决定率军退守埃及。坎宁安非常失望,他的主要装甲力量被歼灭,德军在后面追击,他认为只能撤退。

这时,奥金莱克飞抵前线,他认为德军的损失也很大,反对英军撤退。奥金莱克认为德军肯定和英军一样狼狈,特别是托布鲁克仍然掌握在英军手中。所以,奥金莱克下令继续进攻。

但是,奥金莱克有个弱点:用人不当。在挑选部下时,一旦信任某人,就认为他会坚决执行自己的命令,而不用做任何监督。一旦出错,由于盲目自信,奥金莱克不会马上改正错误。

刚调到开罗时,奥金莱克做的第一件事就是重新组建英国沙漠部队,并选择一位司令官。

奥金莱克选中了54岁的艾伦·坎宁安,虽然坎宁安总是面带微笑,但却是个急性子。1941年,在东非埃塞俄比亚的一场战斗中,坎宁安只用8周的时间,就战胜了意大利军队,声名鹊起。

奥金莱克向坎宁安征询意见,因为坎宁安在埃塞俄比亚快速有效的指挥和对机械化部队的见解给他的印象很好。奥金莱克反对多数人的观点,即坚守沿海地带,并以大范围的运动战进攻德军的侧翼和交通线。

糟糕的是,坎宁安缺乏指挥坦克战的经验,又是个墨守成规的人,与诡诈的隆美尔作战,这是最大的弱点。

坎宁安已经被高强度的指挥任务折磨得疲惫不堪,开始考虑撤军的问题。奥金莱克召开了军事会议,在听取了冗长的战况汇报后,他非常严肃地说:"先生们,你们必须看到,导致英军战斗失败的,并不是德军的强大,如何坚不可摧,而是因为你们对德军的损失惨重视而不见,只知道撤退。可以这样说,你们是败在自己手中的。"

奥金莱克做出了艰难的决定。在奥金莱克看来,"烈士星期日"战斗结束后,坎宁安无视德军的惨重损失,而准备后撤,是胆小的表现。

开罗总部参谋长阿瑟·史密斯认为坎宁安已经失去理智了,让坎宁安继续留任,是拿第8集团军的生命冒险。

但是,这时撤坎宁安的职是对英军士气的再一次打击,还会助长德军的威风。人们会把坎宁安的离职看作是英军对失败的默认。权衡利弊,奥金莱克被迫决定:"不管对错,必须这样做。"

奥金莱克认为坎宁安已经无法胜任总指挥一职,他决定直接指挥英军。虽然英国第8集团军损失惨重,但仍有一定的战斗力,同时德军也损失惨重。

11月26日,坎宁安的指挥权被解除了,改任副参谋长,由尼尔·里奇中将指挥英国第8集团军。后来,坎宁安住进了医院,患上了严重的精

行进中的德国第15装甲师

神紧张症。

隆美尔的战略意图是，通过进攻英军的大后方，给英军司令部造成巨大的恐慌，使英军的作战意志彻底崩溃。可是，德军第 15 装甲师未能跟上，意大利机动部队被英军阻击部队困在半路上。隆美尔亲自率领的第 21 装甲师也由于出现故障、燃料和补给严重匮乏而陷入困境。

隆美尔向东推进的决定是错误的，低估了英军的实力。德军在推进过程中使英军被迫撤退，但一些德军部队遭到了猛烈的阻击。德军官兵们已经越来越疲惫，补给严重短缺，这次推进已变成了一场噩梦。

奥金莱克命令德军后方的英军继续作战，留守后方的德军装甲军司令部不断发出求救信号。11 月 26 日，隆美尔被迫放弃对埃及的进攻，率领第 21 装甲师撤退。

战场的重心再次移到西迪雷泽格与托布鲁克之间的地区。隆美尔的"冲向铁丝网"的军事行动使英国第 30 集团军得到了充分休整，再次参加了战斗。

托布鲁克仍然横卧在隆美尔的后勤供应线上，隆美尔已无法容忍托布鲁克和保卫它的几万名英军，他觉得必须攻下托布鲁克。

当时，英国第 7 装甲师从南边进攻德军的侧翼。德军的第 15 装甲师和第 21 装甲师正在托布鲁克附近地区，他们正在围攻托布鲁克城外的新西兰师。

11 月 26 晚，新西兰师突破德军的包围，与托布鲁克的英军会师。

11 月 29 日，德军第 21 装甲师遭到重创，新西兰师俘虏了第 21 装甲师的师长约翰·拉文斯坦将军，并获得了他们随身携带的地图和文件。

德军无法继续向前推进。当英军源源不断地得到增援的坦克时，德军的力量已经耗尽了。表面上，德军打了胜仗，但付出的代价太大了。隆美尔的装甲部队被拖垮，只能从昔兰尼加全面撤退。

但是，隆美尔不肯服输，尽管他的坦克数量只有英军的 1/4。11 月 30

奥金莱克元帅

日，德军再次形成了对托布鲁克的包围。12月1日，德军在贝尔哈凯姆打败了英军，英军的士气又低落了。这时，奥金莱克飞抵第8集团军司令部。他对将领们说，德军已经成强弩之末，英军具有将其歼灭的实力。

奥金莱克命令第4印度师和英国第7装甲师从两侧夹攻德军，并切断隆美尔的补给线。事后证明，奥金莱克的判断是正确的。

12月5日，英国第70师攻占艾尔杜达—贝尔哈默德高地。意军的一位将军给隆美尔带来了很坏的消息，意大利装甲部队在1月份以前无法得到增援力量。经过两天的激烈交战后，隆美尔最后准备从托布鲁克地区撤向意大利军队修筑的一道防线,该防线位于64千米以外的加扎拉南部。

隆美尔不甘示弱,将第5装甲师全都投入战斗,发起多次自杀性进攻,在英军英勇而坚定的阻击面前,一批批德军士兵死在"蓝色防线"上如麻的火力点之下。英军击退了德军的进攻。

隆美尔下令放弃对托布鲁克的围攻,向加扎拉撤退。12月10日,英军解除了托布鲁克之围。

12月13日,奥金莱克亲临前线,率英军向加扎拉防线发动大规模的进攻,准备给"十字军战士行动"再添亮丽的一笔。奥金莱克的军事部署是:第30集团军主力部队从加扎拉防线正面发起进攻,第4装甲旅为快速穿插部队,绕到德军纵深处,断其退路并支援主力部队对德形成夹攻之势,力争歼灭德军。

12月中旬,在英军的强大攻势面前,德军撤离加扎拉防线,退守的黎波里塔尼亚的边境城市卜雷加港一带。

英军随后紧跟,由于天气恶劣,再加上官兵们已经筋疲力尽,追赶德军的行动迟缓了。

隆美尔的部队全线撤退给轴心国的最高指挥部带来了一场危机。12月16日,隆美尔在加扎拉与几位上司进行了多次会谈。

放弃昔兰尼加地区是对墨索里尼的声誉的重大打击,而撤退的命令似闪电一般打击了意大利人。意大利的巴斯蒂柯将军要求必须撤销这一命令,但隆美尔拒绝服从,他的部队一路后退,直到1942年1月初。这时,德意联军到达卜雷加港和艾尔阿盖拉,得到了新的部队、装备和补给品。

由于德意联军的主力向西撤退,驻守利比亚边境地区的德意部队陷入绝境。8800名德意守军在巴迪亚投降了,接着6300名德意守军在塞卢姆投降。

1月17日,坚守哈法亚隘口的巴赫上校率部投降。就这样,"十字军战士行动"胜利结束了。

到 1942 年 1 月中旬，双方的伤亡都很惨重，德意军队伤亡 3.83 万人，占其总兵力的 32%。英军伤亡 1.77 万人，占其总兵力的 17%。隆美尔在与英军展开了一系列的阻击战以后，于进入北非一周年之际又回到了原来的出征点。

造成隆美尔战败的因素很多，除了战术指挥方面的重大失误以外，制空权和制海权被英军掌握是隆美尔战败的因素之一。失去制空权和制海权，就难以保障部队的后勤补给。

英军的"十字军战士行动"的目标是歼灭北非的德意联军，占领利比亚，与戴高乐自由法国的部队共同控制北非的海岸，将北非作为进攻南欧的基地。尽管奥金莱克获得了小规模的胜利，但没有歼灭隆美尔的主力部队，并拉长了英军的补给线。

隆美尔视察德国第 21 装甲师

在追击德军途中，3 名英军士兵卧倒射击

"十字军"战役是第二次世界大战中英军对德军取得的第一次军事胜利。英国首相丘吉尔评价道："奥金莱克挽救了北非英军，他用自己的行动证明他是一个杰出的野战指挥官。"

"十字军"战役结束后，丘吉尔多次催促奥金莱克向德意联军发动大规模的进攻。奥金莱克坚持认为，英军需要足够的时间完成重组，并使装备和训练得到加强，如果发动一场准备不足的进攻，不仅英军会遭受重创，而且埃及可能会沦陷。

第四章
德军掀起沙漠风暴

轻取班加西

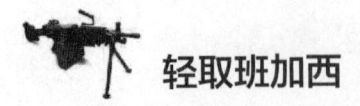

隆美尔说:"我想继续向前推进,除了元首(希特勒),没有人能够阻止我。"

多次进攻托布鲁克港的失败,使隆美尔深感德军在兵力上的不足,而人多势众的意军几乎毫无作为,但每天却消耗大量的供应物资。面对如此困境,隆美尔电请德国最高统帅部派军增援。

当时,希特勒正在全力以赴地准备发动进攻苏联的"巴巴罗萨"计划,德国的大部分部队要赴东线作战,而这时的北非,只是德国战略家们饭桌上一碗可有可无的小菜罢了。

无法得到德国的增援,兵力不足的隆美尔立即调整军事部署,以守为攻。对于擅长进攻的隆美尔来讲,采取守势无疑是难以忍受的,但在不久的阻击英军进攻的战斗中,隆美尔又用出色的指挥证明了他也是一个防御专家。

在隆美尔的军事生涯中,这是他的第一次败退,一次令他感到屈辱的经历。隆美尔在给妻子露西的信中写到:"人得学会谦卑呀。"这时,隆美尔准备找机会以雪前耻。

1941年12月至1942年年初,第二次世界大战卷入更多的国家和地区,一方面是美、苏、英、中等许多国家组成了反法西斯同盟,另一方是德、意、日3个轴心国及其傀儡国。这时,德、意、日在战前把经济纳入战时轨道的做法仍占据着较大的优势,因而轴心国在一段时期内掌握着战争的主动权。

德军仍有机会给威胁他们的英军以重创,这个机会被隆美尔和他的几

第四章 德军掀起沙漠风暴

使用密码机的德国情报人员

位高级参谋官发现了。

德军情报人员监听了美国驻开罗军事参赞发给华盛顿的电报，隆美尔从这些监听到的报告中了解到，英军已经变得十分脆弱了。穿越沙漠进攻德军极大地拉长了英军的补给线，而德军对班加西的不断滥炸使英军很难利用班加西附近的港口。

1941年12月2日，希特勒签署第38号指令，决定对地中海和北非的轴心国力量进行统一指挥。希特勒与墨索里尼之间分歧的加大，削弱了轴心国的力量。希特勒必须采取措施解决与墨索里尼的分歧，另外他还准备把隆美尔换下，让空军元帅凯塞林担任南线总司令。

1941年12月8日（东京时间，夏威夷时间为12月7日），日军偷袭美国海军基地珍珠港，太平洋战争全面爆发。日本迫使英国把部分飞机、坦克和 2 个步兵师从北非调往马来亚和其他受到严重威胁或进攻的亚洲殖民地。

这时，德国给隆美尔带来了好消息，在地中海的德国潜水艇已经增加到 20 多艘。凯塞林的空军编队"空军 2 号"把总部从苏联前线转移到意大利的西西里岛，对隆美尔提供的保护力量大大加强，结果坦克部队和供给正以不断增长的数量运抵的黎波里。

1942 年 1 月 5 日，9 艘货轮驶抵的黎波里港，给隆美尔带来了 54 辆坦克和 2000 吨航空汽油。隆美尔的坦克恢复到 150 多辆，新运到的坦克装甲厚达 50 毫米，装备的坦克炮性能提高了。

英军的情况却很糟糕，经验丰富的英军第 7 装甲师损失惨重，被迫退到托布鲁克以南休整。英军第 7 装甲师在阿杰达比耶的阵地由刚从英国运来的没有沙漠作战经验的第 1 装甲师坚守。

隆美尔计划趁英军能够恢复强大的优势之前，于 1 月 21 日发起进攻，一度想把英军赶回埃及。

隆美尔用最秘密的安全措施伪装着这次大规模的进攻计划。隆美尔只让几位部下知道，连他的意大利上司和德国最高统帅部都不知道。隆美尔到处散布谣言，说他准备向西撤军，通过把大批运输车队向后方转移来维持他的谎言。

在原计划进攻之前的 20 日晚上，他派人烧毁了沿海岸线的一些破房子和卜雷加港中的被废弃的船只。突然，火光四起，英国间谍以为德军要撤退。就像隆美尔所期望的那样，英国间谍当晚给开罗发送电报，使英军进一步相信，德军要逃跑了。

正在英军高兴地等待着德军撤退时，隆美尔却从希特勒那里得到了新的支持，鼓励他大胆地向英军采取军事行动。

1942 年 1 月 21 日 6 时，天气寒冷，隆美尔收到希特勒拍发的两封电报。第一封宣布"非洲装甲兵团"改名为"非洲装甲集团军"，第二封宣

第四章　德军掀起沙漠风暴

德军摩托化侦察兵一直是隆美尔的快速反应部队

布授予隆美尔佩剑一把和橡树叶奖章一枚。隆美尔深受感动，不由得精神一振，立即赶往前线。

8时30分，德军发动了大规模进攻。隆美尔亲自指挥在海岸公路上的先头部队穿越布雷区。英军第1装甲师没有沙漠作战经验，在德军的突然袭击下，坦克损失过半。

德军的突然袭击正在演变成一次大规模的进攻战。意大利最高指挥部本来就对隆美尔军事部署的高度保密十分不满，现在已经被激怒了。

1月23日早晨，意大利陆军元帅卡瓦勒罗从罗马飞抵的黎波里与隆美尔商谈，卡瓦勒罗带来了墨索里尼要求坚持防守的命令，对隆美尔说："只要突袭一下就可以了，然后再撤回来。"

隆美尔说："我想继续向前推进，除了元首（希特勒），没有人能够阻止我。"

卡瓦勒罗气得走开了，他暂时收回两个意大利军。隆美尔仍然继续进攻，准备击垮撤退中的英国装甲部队。隆美尔了解到，英军第1装甲师缺乏沙漠作战经验，将无力抵抗。英军是替换部队，而不像德军那样不断地向现有部队补充兵员，因此很难有效保持部队作战的延续性。

另外，隆美尔还握有发动大规模进攻的法宝：英军把德军的坦克实力低估了一半，以为德军的反攻只是突袭一下而已。

不过，让隆美尔难过的是，在发动大规模进攻的当天，英军的大部分坦克逃走了。隆美尔不禁感叹："在沙漠中包围装甲部队太难了！"

然而，隆美尔是不会放弃机会的。1月25日，德军装甲部队再次出发，向摩苏斯方向追去，德军装甲部队多次追上行动迟缓的英军装甲部队，把英军打得四散而逃。

由于德军装甲部队的燃料不足，不能穿越137千米的开阔沙漠地带，因此隆美尔决定重新占领西北113千米外的班加西港，这样能够得到德国运输舰队的支援。

1月26日中午，隆美尔命令克鲁威尔假装向梅尼奇进攻，以欺骗英军。然后，隆美尔亲率几辆坦克和装甲车冒着大雨向英军班加西港进发。在班加西以北，通向德尔纳的公路上，一个印度师的长长纵队正在前进。突然，隆美尔从东边发动进攻，不到1小时就摧毁了印度师。接着，隆美尔攻占班西加，缴获了很多战利品，包括急需的1300辆卡车。

此时，隆美尔从德国得到一份电报，希特勒提升他为一级上将。隆美尔事前没有向希特勒报告就发动了这次进攻，看来希特勒不仅没有生气，而且还表扬了他，这让隆美尔信心大增。

接着，德军穿越昔兰尼加，7天后，德军先头部队靠近加扎拉。这时，德军距离出发点400多千米，距离托布鲁克64千米。隆美尔听说英军已经在加扎拉集结完毕，正在修筑工事，于是命令部队就地扎营，等待补给品和增援部队的赶来。

全线突破加扎拉

希特勒命令"将俘虏秘密处死",隆美尔拒绝服从命令,全部按战俘对待,他很敬重这支顽强的英军。

在德军与托布鲁克之间,矗立着坚固的加扎拉防线,英军利用战斗暂停阶段修建的这道防线从海岸边的加扎拉向南延伸64千米,再来了个急转弯,向东北方向的托布鲁克蜿蜒32千米。

1942年2月初至5月中旬,德军一直没有发动进攻,为下一次的进攻积蓄力量。

3月下旬,隆美尔重组了装甲集团。乔治·冯·俾斯麦少将接任第21装甲师的指挥官,古斯塔夫·冯·瓦尔斯特中将担任第15装甲师的指挥官。与此同时,一些增援部队也先后到达。

英军也在重组。里奇指挥的英军第8集团军分为两个军。第1装甲师和第7装甲师组成第30军,由诺瑞中将率领,其主力是坦克部队。戈特率领的第13军以步兵为主。步兵师沿防线驻守,防线由一些盒子式的岗亭连接而成,每个岗亭被铁丝网和雷区保护着,能够容纳一个步兵旅。

岗亭的修建是英军为阻止德军坦克在广阔的沙漠地区进攻步兵的重要手段,就像拿破仑时代的步兵利用方阵阻止骑兵进攻一样。

岗亭的大小不一,它们在大炮的支援下能够部署一个旅的兵力。岗亭的周围挖有长长的战壕供步兵使用,为炮兵精心设计了炮眼。在战壕周围是铁丝网,铁丝网下面布满了地雷。

这些岗亭的设置使英国军事组织和指导思想的缺陷暴露无遗。

从表面上看,英国的战术以师为基础单位,英军的每个师是多兵种的武装部队,每个兵种在战场上能够互相支援,但这种情况很难实现。

在作战中,英军事实上是建立在以团为单位的基础之上的,独立的团队能够有效地组织行动。但盒式岗亭的设置就像是各个部落之间的结盟方式,在交战中,这种部落式的合作很难有效地配合,成为英军作战的不利因素。

但在德军的每个师中,平等的相互支援的关系已经深入人心。德军的坦克和摩托化步兵互相支援,大炮和反坦克炮互相支援,以及各个兵种之间都是互相支援的。

相反,在英军第8集团军内部的各部队之间,特别是步兵部队和装甲部队之间存在着互不支援的关系。

奥金莱克原来准备5月中旬进攻德军,由于隆美尔的部队的实力大大增强了,于是决定将进攻计划推迟到6月中旬。在准备进攻的同时,奥金莱克加强了加扎拉防线,新修了野战工事,布置了很多雷区。

修整中的德军士兵搭建野战帐篷

第四章 德军掀起沙漠风暴

加扎拉防线的英国守军在数量和装备上占有绝对优势。约1.25万名英军面对1.13万名德意联军。英军约有850辆坦克，德意联军约有560辆坦克，但其中有228辆是落后的意大利坦克。对德意联军来讲，最糟糕的就是英军比德意联军多出10倍的装甲车，和在大炮和飞机上保持着3比2的优势。

在装甲战中，德军的88毫米高射炮的威力和几支经验丰富的装甲部队，能够使英军规模庞大但各自为战的坦克部队损失惨重。

在空中，德军的战斗机能够绕过英国皇家空军的战斗机，在轰炸的准确性上，英军的轰炸机比不过德军的"俯冲式"轰炸机。

面对坚强而牢固的加扎拉防线，隆美尔一直在苦思应对之策。隆美尔的选择余地是很小的，他不能直接发起正面进攻，也不能做漫长的行军越过贝尔哈凯姆尽头的沙漠。

最后，隆美尔决心把装甲部队的所有坦克集中到加扎拉防线的南侧，向北绕到加扎拉防线的背后，这样就能切断英军装甲部队与加扎拉防线部队之间的联系，从防线背后攻打防线。

这是个十分危险的作战计划，这样德意联军的后勤补给线必须从加扎拉防线的南侧绕道而行。一旦战败，将会全线崩溃。

1942年5月26日晚8点30分，隆美尔下令："开始行动。"凌晨3点，隆美尔指挥装甲部队抵达预定的贝尔哈凯姆沙漠以南的第一道停留线上，绕过了加扎拉防线。

5月27日凌晨4点30分，这是事先计划发起进攻的时间，事情并不像隆美尔所估计的那样，他的非洲师和第90轻装甲师仍远在贝尔哈凯姆以南一带。隆美尔原以为占领贝尔哈凯姆的意义不大，所以没有派部队占领贝尔哈凯姆，但英军却把贝尔哈凯姆作为基地袭击隆美尔的运输队。

隆美尔的领导作风使德军官兵信心十足，与英国军营中士气不振的气氛形成了巨大的反差。

当德军装甲部队发起进攻时，英国第8集团军却行动迟缓，各部队又互不支援。

里奇与两个军的指挥官的关系很紧张，在关于英军应对德军进攻的重大问题上，他们之间发生了激烈的争吵。从师的角度来看，各个英军师之间很少能够有效配合。英军分散的阻击行动很难对付德军主力。

战斗的第一天，英军边打边退，这并不表示他们必然会失败。隆美尔的装甲部队已经深入到英国第8集团军的防线后翼。英军虽然各自为战，但作战勇敢。英军的阻击逐渐削弱了德军装甲部队的优势。

在经过了几次殊死激战后，德军的处境逐渐恶化：德军发动的猛攻无法摧毁庞大的英军装甲部队，这时，德军的武器弹药和汽油快消耗光了。

28日，隆美尔发起总攻。德军占领了英军第7装甲师的指挥部。德军俘虏了该师师长弗兰克·梅塞尔韦少将。后来，梅塞尔韦摘掉了军衔徽章，当晚逃掉了。这时，德军被打得四分五裂，司令部被打散，给养严重缺乏，处境更加恶化了。

29日晚，隆美尔决定放弃进攻，动用反坦克炮阻止位于德军东部的英军装甲部队的进攻，同时率部向西边的西迪穆夫塔撤退，力争在英军的阻击中打开一个缺口与主力部队取得联系，恢复供应部队给养的交通线。

5月30日清晨，隆美尔把突围点选在由英军坚守的一片遍布碉堡的浅滩上，阿拉伯人把这些浅滩叫做浅碟性凹地，德军士兵把它称为"釜"。

5月31日，隆美尔指挥部队向西迪穆夫塔突击，英军顶住了德军的进攻。隆美尔赶到前沿，带领先头排继续进攻，这时他像一个身历百战的老兵。

战斗到6月1日，德军飞机飞来支援，对英军阵地疯狂轰炸，使阵地上的英军四散而逃，隆美尔率部在英军的加扎拉防线上撕开了长达10千米宽的大口子。

激战仍在进行，隆美尔吸取了失败的教训，改以稳打稳扎的战术，决

德军用"容克"88轰炸机对英军阵地进行轰炸

定逐个占领英军的阵地。隆美尔认识到，向西发起进攻前，必须先占领加扎拉防线的贝尔哈凯姆。

6月2日，贝尔哈凯姆位于加扎拉防线最南端，这个摇摇欲坠的据点再一次挡住了来自德军第90坦克师的大举进攻。

它是整个防御线中地雷埋得最多的地区，有1200个炮台可供机枪和反坦克大炮利用。3600名英军中大多数人作战勇敢，有一股抗击德军的坚强意志。

英军的顽强抵抗使隆美尔感到震惊。隆美尔以前曾经是一位出色的步兵指挥官，有能力率领步兵部队攻打英军任何一个据点，他决定亲自指挥攻占贝尔哈凯姆。

隆美尔认为，在多雷的地区，坦克很难发挥优势。他把主要的装甲力量留在后面。他带领步兵部队，支援已于6月6日恢复进攻的第90装甲师。

为了掩护步兵，隆美尔的炮兵部队发射了密集的炮弹，德国空军派出几百架次飞机，疯狂轰炸贝尔哈凯姆据点，英国皇家空军出动了大批飞机进行抗击。

3天中，炮击和轰炸从未停止过，英军仍在抵抗。6月10日，经过两个星期艰苦奋战的守军已经疲惫不堪了，淡水和弹药奇缺。英军还遭到一支已渗透到据点北侧的德军小分队的不断攻击。

英军的放弃方式与英勇抵抗的精神是一致的，他们利用德军阵线西侧的一处缺口，约有2700名英军在黑晚突围了，与第7装甲师的卡车和救护车大队会师。剩下的500名英军，由于伤势太重无法突围，被迫投降。

希特勒命令"将俘虏秘密处死"，隆美尔拒绝服从命令，全部按战俘对待，他很敬重这支顽强的英军。

强占托布鲁克

望着满目疮痍的要塞，隆美尔笑着对垂头丧气的英军被俘军官们说："先生们，你们像狮子一样强大，但却被蠢驴们指挥着，这真是你们的不幸。"

在兵员数量、武器装备和后勤供给方面占有巨大优势的英军第8集团军，却在隆美尔的部队面前接连战败，这使一向高傲的英国人感到耻辱。但一想起他们所面对的是世界级的将军和最训练有素的部队，他们又感到有些自豪。

就像丘吉尔在下院对议员们所说的一样："第8集团军已经尽了最大努力，他们面对的是世界上最强大的部队。抛开英国目前所遭受的战争灾难不说，隆美尔的确是一位将才。"

第四章　德军掀起沙漠风暴

英军印度籍士兵在德军布雷区扫雷

隆美尔绝不会由于听见了丘吉尔的几句赞美之词而放英军一马。凭着对战争进程的认真分析和令人惊奇的直觉，隆美尔认为到了该收拾托布鲁克的时候了。

1942年6月11日，隆美尔的命令下达得十分简单："托布鲁克，一切为了托布鲁克！"

为了摧毁挡在德军与托布鲁克之间的剩余障碍，隆美尔命令曾经围攻贝尔哈凯姆的部队呈扇形进攻英军在乃茨布里奇和艾尔阿德姆的据点，命令第21装甲师和"阿里埃特"师向东进发。

英军指挥官里奇撤回左翼部队，结果，加扎拉防线变成了"L"状。

跟往常一样，隆美尔仍然采用许多使人眼花缭乱的战术手段来欺骗英军。隆美尔派一些部队大造声势地向巴迪亚进发，故意摆出一付要攻打埃及的模样，一路上故意搅起尘土。英军准备精中兵力迎击德军对埃及的大规模进攻时，隆美尔突然撤军，德军主力到达托布鲁克城下。

德军装甲师向乃茨布里奇据点发起猛攻，使已经在据点拼死守卫了两周的英军无力组织反击，被迫于当晚撤退了。德军占领乃茨布里奇据点后，加扎拉防线接近崩溃了。

部落式的坚守使英军损失了大约140辆坦克，只剩下70辆，还不及德军坦克数量的一半。

6月14日，当加扎拉南部前线崩溃时，里奇命令从一开始就坚守在北部防线的两个师撤退。这两个师的撤退使其他部队纷纷逃离阵地，这就是二战中著名的"加扎拉大逃亡"。

6月16日稍晚时分，德军攻占加扎拉防线上的最后一个据点。

6月17日，英军装甲部队又损失了32辆坦克，连忙追上撤退的步兵部队通过边境逃回了埃及。

同一天，德军向托布鲁克城下集结。

在上一年，托布鲁克曾让德军屡攻不下，付出过重大损失，那时隆美尔用了8个月的时间仍未攻下托布鲁克。

现在，托布鲁克已经不同于去年了。托布鲁克的周围仍有一道48千米长的保护屏障，由3.5万名英军坚守。然而，战壕已经淤塞了，很多地雷被移到加扎拉防线上去了。

上一年，顽强地阻击了德军的部队是勇猛擅战的澳大利亚第9师。今年，驻守托布鲁克的部队是缺乏作战经验的南非第2师，以及在加扎拉战役中损失惨重的2个步兵大队和1个装甲大队。守军的坦克和反坦克大炮严重匮乏。

这次，隆美尔的军事部署是：先从西南方佯攻，把守军的兵力吸引过去，主力部队绕过托布鲁克向东进发，再撤回来集中在托布鲁克的东南方，趁夜色完成进攻前的准备。

6月18日，德军从陆地上的三面形成了对托布鲁克的包围。隆美尔说："对我们来说，托布鲁克是一颗毒瘤，现在我们必须割掉它。"

第四章 德军掀起沙漠风暴

德军士兵推着一门88毫米口径高射炮前行

兵不厌诈，隆美尔又施展了他非常在行的骗人招术。他命令主力部队向利比亚边境地区进发，好像要入侵埃及似的。

为了进一步欺骗英军，他命令第90轻型坦克师继续向海岸城镇巴迪亚进发，同时命令主力部队撤回来，火速向托布鲁克进发。当主力部队于当晚到达托布鲁克东南方的指定地点后，德军挖出了上一次埋藏在那里的炮弹，这些炮弹完好无损。

6月21日凌晨5点20分，兵分数路到达指定地点的德军装甲部队和意军第20军团，在德国海军的助攻下，对这座孤立的海岸要塞发动了进攻。在密集的炮火掩护下，德军坦克率步兵开始了大规模的进攻。

正准备攻占马耳他岛的凯塞林元帅被迫从北非、意大利的西西里岛、希腊和克里特岛抽调了150多架轰炸机。

轮番俯冲的轰炸机在托布鲁克东南部投下了400吨炸弹，引发了雷区大爆炸。轰炸持续了一个小时左右，德军坦克率步兵冲了上去。

当时，德军曼伦森少校参谋和隆美尔站在阿登东北部的悬崖上，隆美尔的临时总部设在悬崖上。曼伦森发现托布鲁克周围地区，大约5点20分，纳粹的战旗就开始飘扬了。在激烈的战斗中，德军炮兵部队发射了数百枚炮弹。德军坦克率领步兵快速冲向英军的防线。

德军的炮弹炸开了英军防线，德军和意军炮火互相配合，火力非常连贯，这对守军的士气是个巨大的打击。纳粹的战旗一直向前飘扬，德意联军的200多辆坦克从各个方向向托布鲁克进攻。虽然英军英勇顽强，但各自为战，不能互相支援，防线被德意联军突破了。

8点30分，德军第15装甲师和第21装甲师的首批125辆坦克碾过已经淤塞的战壕。

9时，德国装甲部队钻入迷宫般的"蓝色防线"的碉堡区。

虽然战斗还未结束，在到处都是隆隆炮声和枪声的情况下，隆美尔找来一位战地记者，为德国电台记下他的宣告。

隆美尔自信地说："今天，德军获得了胜利，占领了托布鲁克。"

让隆美尔感到欣慰的是，德军没有让他失望。在德军的突然进攻面前，反应迟钝的英军无法组织起有效的抵抗。

下午晚些时候，托布鲁克的守军败局已定。守军司令克劳浦下令炸毁价值几百万英镑的物资。同时，克劳浦下令炸毁大部分的通讯线路，他失去了与官兵们的联系。下午9时，在仅剩的一条电报线上，克劳浦正在向里奇报告。

"这里的局势已经完全失控了，"克劳浦在电报中说，"坦克没有了，大炮也只剩一半了……如果你决定反攻，就通知我。"

不可能再组织反攻了。6月21日凌晨6时，里奇发给克劳浦的最后一道指令内容是："我不知道你那里战况如何，是战是降，由你自己来决

德军坦克和步兵配合作战的场景

定吧。"

夜幕时分，这座英军坚守了近两年的海岸要塞失守了。克劳浦将军代表3.3万多名英军向隆美尔递交了投降书，隆美尔和德意联军控制了托布鲁克的局势。

德意联军的官兵们吃惊地看着他们手上的战利品。托布鲁克沦陷得太快了，守军只来得及毁掉很少的一部分物资，留下了大量的燃料和2000多辆机动车，这对于隆美尔来说，是个重大的补偿。

除了这些以外，还有数量庞大的物品：香烟、面粉、听装食品、德国啤酒、崭新的卡其布制服和沙漠靴，等等。

后来，隆美尔的情报官梅欣得意地回忆道：在那场我有幸见到的最壮观的进攻战中，德军飞机俯冲着轰炸英军的坚固防线，炮兵部队参加了战斗，形成最密切配合的强大火力，使防线上空烟尘滚滚、爆炸声连成一片。炮群和轰炸机群加在一起的威力太可怕了。

望着满目疮痍的要塞，隆美尔笑着对垂头丧气的英军被俘军官们说："先生们，你们像狮子一样强大，但却被蠢驴们指挥着，这真是你们的不幸。"

6月22日，德国沉浸在来自北非的巨大胜利的喜悦中。一座刚刚落成的桥以隆美尔的名字而命名；人们纷纷给隆美尔的妻子露西寄去贺信。

非洲装甲集团军司令官隆美尔大将晋升为陆军元帅。

这时，隆美尔的心情无比激动，占领托布鲁克只是清除了征途中的一大障碍，他想像亚历山大、恺撒、拿破仑一样去征服埃及，成为名垂青史的征服者。

被鲜花和名誉包围的隆美尔大声对官兵们说："我们要跨过美丽的尼罗河，征服埃及。"听到这个消息后，英国产生了恐慌。

在托布鲁克的英国被俘士兵

夺取马特鲁

隆美尔在给露西的信中高兴地写道："现在，马特鲁战役已经胜利了，德军先头部队距离亚历山大只有200千米。我觉得，最艰难的日子已经快结束了。"

凯塞林估计，隆美尔有可能在占领托布鲁克后忍不住诱惑而进攻埃及。

1942年6月21日，凯塞林连忙飞抵托布鲁克。在隆美尔的指挥车里，两人发生了激烈的争吵。

隆美尔认为他必须进攻，不能等凯塞林攻占马耳他岛。他的部队虽然在加扎拉防线上损失很大，但英国第8集团军的损失更大；现在是夺取苏伊士运河的好机会，一旦久拖下去，那怕是几周的时间，英军的精锐部队就被调来了。

凯塞林认为，如果没有德国空军的掩护，就不能进攻埃及；如果给予地面部队全力支援，德国空军就无法支援攻打马耳他岛的地面部队；不攻下马耳他岛，隆美尔的海上后勤线就很难保障。唯一正确的办法，就是坚持原先的计划，把进攻埃及的时间推迟到征服马耳他岛以后。

凯塞林无法说服隆美尔，一向彬彬有礼的凯塞林没有与隆美尔握手，生气地说："我会把空军撤回西西里岛的！"说完，凯塞林离开了。

21日下午，隆美尔命令德军第21装甲师向甘布特进发，这是德国进入埃及的第一步。

晚上，隆美尔命令一位联络军官，去把自己的意见报告给希特勒，同时电告墨索里尼："部队的战斗力，加上缴获的给养品以及英军的弱点，都有利于向尼罗河追杀残敌。"

隆美尔的"非洲军团"已经成了德国人的骄傲。德国广播电台于6月21日奏响《鹰在炫耀》的乐曲。每当有战胜的消息，总会中断广播，播放《鹰在炫耀》，接着继续广播。

6月22日，意大利将军巴斯蒂柯飞抵托布鲁克，命令隆美尔停止进攻。隆美尔却说他"无法接受这项忠告"，并笑着说："到时候请你跟我一起去开罗吃晚饭！"

希特勒收到隆美尔的电报后，高兴地向军事顾问们宣布，任何进攻马耳他的计划都已经不用考虑了。当隆美尔的联络官向希特勒当面报告后，希特勒马上致电墨索里尼：现在非洲的"转折点"来临了。

希特勒高兴地说：常胜的将军如果在胜利的时刻不能坚持进攻，那么胜利的机会和胜利女神将永远不会垂青他。

一心想建立新罗马帝国的墨索里尼欣喜若狂，要求隆美尔早日进攻埃及，同时命令意大利总参谋部把进攻马耳他岛的行动推迟到9月份。

后来，墨索里尼在记者和军政要员的陪同下飞抵非洲，为进入开罗和亚历山大作准备。墨索里尼派人空运了一匹白马，准备到时骑着白马进入开罗……

6月23日晚上，德意联军先头部队的坦克和卡车驶过边境来到埃及，隆美尔给妻子露西写信说："我们已经开始了，希望能够实现伟大的目标，我们的主要问题是速度。"

25日，隆美尔的先头部队到达埃及海岸城镇马特鲁的防区。

德军的推进速度太快了，很快就耗光了给养。第21装甲师的坦克通过虹吸管抽干了供应车的燃料才得以继续前进。可是，供应车却因此瘫痪了，第21装甲师最终被迫停止，遭到英国空军的疯狂滥炸。

同一天，奥金莱克来到马特鲁，解除了里奇的指挥权，自己亲自指挥第8集团军。

第四章　德军掀起沙漠风暴

隆美尔（左）与凯塞林

　　40多岁的里奇是英国最年轻的将军。里奇长得很帅，十分富有。里奇最大的优点是，哪怕在最糟糕的情况下，仍然是个乐天派。

　　里奇曾在奥金莱克的总参谋部担任副总参谋长，对奥金莱克的军事计划十分了解。

　　第13军司令官戈德温·奥斯腾将军说："里奇将军是个有信心的家伙——很不错。"但是，他忘了一点——里奇在第一次世界大战结束后就没有指挥过部队。

　　但这也没关系，第8集团军其实一直是奥金莱克制定作战计划，里奇只是负责具体实施。

　　可是，自从里奇出任第8集团军指挥官后，第8集团军就接连战败，部下们不信任里奇了。身处开罗的奥金莱克发现不妙后，曾派顾问前往前线调查。顾问得出的结论是"里奇的想象力不足"，同时建议奥金莱克撤换里奇。

被这个报告搞得心神不宁的奥金莱克当时没有同意。奥金莱克的理由是："我刚撤了坎宁安。在3个月内再撤了里奇的话，会影响英军的士气。"结果，里奇继续留任。

现在，奥金莱克认为只能解除里奇的职务了。第8集团军是英国在北非的主要力量，如果第8集团军被消灭，英国就丧失了对整个中东地区的控制，并使苏联的南翼暴露在纳粹的进攻面前。

奥金莱克在赶到马特鲁以前就决定不再坚守马特鲁了。6月25日夜，奥金莱克得到情报说，隆美尔将于26日早晨攻打马特鲁。奥金莱克立即命令第8集团军在战斗不利时退守阿拉曼。

为此，奥金莱克命令第10军、印度第10步兵师和英国第50步兵师驻守马特鲁防线。在其南边，部署了第13军的印度第29步兵旅和新西兰师。印度第29步兵旅坚守布雷区之间的一个10千米宽的缺口。他又将第1装甲师和第7装甲师部署在沙漠侧翼。

6月25日，隆美尔的3个德国装甲师来到马特鲁地区，先头部队靠近马特鲁港的英军阵地。隆美尔宣布第2天对马特鲁港发动进攻。

6月26日下午，德军装甲部队率先向英军阵地扑去，进攻英军阵地的薄弱部队，德军很快突破英军防线，第2天向英军纵深进攻打开了局面。

27日上午，只有23辆坦克和600名筋疲力尽的步兵的德军第21装甲师绕到英军第13军新西兰师的后面，突然发起进攻，却像撞在石墙上一样无法前进。

晚上，德军第21装甲师陷入困境，新西兰师从东、西两面发动了进攻。

德军第90装甲师傍晚在马特鲁港以东35千米处堵住了公路，封锁了英军第13军新西兰师的退路。

信心动摇的英军第13军军长戈特下令撤退。午夜后，新西兰师各部

隆美尔与部下一起分析地图

队将所有枪支上了刺刀，通过田野向正东撤退。兵力不足的德国第21装甲师在激烈的肉搏战中，被彻底击败。

6月28日凌晨5时，隆美尔乘车赶到第21装甲师被击败的阵地，混战中被击毁的车辆仍然冒着浓烟，尸体躺满了阵地，染红了沙漠。

隆美尔感叹道："这个事实证明，在沙漠作战中用临时组成的包围圈阻止英军机械化部队逃走是很困难的，只要英军意志坚定，就能够迅速集中兵力杀出包围圈的。"

6月28日夜，英国第10军分成数路，成功突围了。其中一路英军非常聪明，取道德军战地司令部的所在地突围。为了堵住这路英军，德军战地司令部的参谋人员都参加了作战，参谋部作战处长梅林津拿起一挺轻机枪冲了上去。

疯狂的炮火，把隆美尔的战地司令部也卷了进去……德军和英军之间对射的炮火越来越激烈。

不久,隆美尔的司令部附近都是燃烧着的车辆,那夜的混乱是难以想象的。

隆美尔的司令部成了英军炮击的主要目标,遭到密集的近距离炮火的打击。隆美尔再也撑不下去了。他命令德军和司令部人员向东南方撤离。

为了防止再发生类似的事情,隆美尔组建了一支特种分队保卫司令部。

6月29日早晨,第90坦克师占领马特鲁。隆美尔的部队在两个星期内取得了第二次辉煌的胜利。许多英军士兵慌里慌张地向东北方向逃窜。德军俘虏了8000名英军,缴获了大批武器和供给品。

隆美尔在给露西的信中高兴地写道:"现在,马特鲁战役已经胜利了,德军先头部队距离亚历山大只有200千米。我觉得,最艰难的日子已经快结束了。"

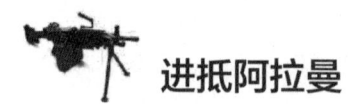

进抵阿拉曼

虽然德军不断地向英军的阿拉曼防线发起进攻。然而,奥金莱克巧妙地运用坚守与进攻相结合的战术把隆美尔死死缠住了。

连续几周的追击,使德意联军的官兵们筋疲力尽。但是,隆美尔不准他们有丝毫的停歇,他相信,在英军得到援军、新的武器装备和给养以前,彻底歼灭英军是至关重要的。

就在德意联军攻占马特鲁的时候,隆美尔派乔治·布里尔上尉指挥由第606高射炮分队组建的一支战斗小分队向亚历山大进发,一直要到达亚历山大郊区时才能停止前进。

隆美尔对布里尔说:"等我明天赶到亚历山大郊区时,我们一同去开

第四章 德军掀起沙漠风暴

遭到轰炸后的马特鲁港

罗喝酒。"

布里尔率领这支战斗小分队向前推进，一路上没有遇到太大的阻击。1942年6月30日，布里尔的战斗小分队距离亚历山大仅为80千米了，接近一个小村庄，这个小村庄叫阿拉曼。

德军大举进攻，开罗和亚历山大都沸腾了。英军军官和政府官员们都在忙着烧毁文件，英国大使馆和英军总司令部上空弥漫着浓浓的黑烟。许多道路上挤满了客车和卡车，一列列火车上挤满了难民。

在亚历山大，担心金融崩溃的人们在一天中就从勃克莱银行取走了100万英镑。

在埃及首都开罗，商人们正在战乱中投机发国难财。有的商人囤积居奇，有的商人劝许多人购买绷带以防止空袭。

在两座混乱的城市中，惟一镇定的是那个既快乐又严肃的英国大使马尔斯·拉姆普森爵士。

拉姆普森爵士在穆罕默德·阿里俱乐部举办了80人参加的宴会。拉姆普森爵士笑着说："当隆美尔来到时，会很容易找到我们的。"

当时，英国第8集团军的担子很重。在前几个星期中，英国第8集团军损失了5万名士兵，撤到了埃及前线，仍被隆美尔紧追不舍。

隆美尔看到了胜利的希望，因此他要求继续向前进攻："再坚持一下。开罗就是我们的了。"

6月23日，遭受追击的英国第8集团军被迫在马塞马诸附近构筑一道新防线。突然，奥金莱克意识到马塞马诸附近英军面临着被歼灭的危险，立即下令英军撤守阿拉曼地区的有利位置。

没想到，隆美尔又抢先一步发起了进攻：许多英国官兵被拖在马塞马诸一带，这些侥幸逃生的官兵们遭到了德军的围攻。

这样，第8集团军遭受了更大的损失。然而，在撤往阿拉曼的路途中，英军纪律严明，士气旺盛。英军战斗的意志并没有丧失。

第8集团军的官兵处于"勇敢而困惑"的状态之中，一名叫斯达普汉尼迪的随军大夫回忆说："让我感到不可思议的是，撤退时严明的纪律和绝对服从命令的程度竟然胜过了以往的任何时候，简直无法相信这是一场结果难以预料的败退。虽然人少了很多，撤退的速度很快，但官兵们都士气旺盛，我没有发现一次冲撞或慌乱的情形。宪兵们在各自的岗位上引导着行进队伍，一切都进行得秩序井然，我们就像退出比赛场地一样镇定。"

一辆英军指挥车上响起了伦敦BBC的广播："英国第8集团军已撤离马特鲁，退守阿拉曼防线。"

关于英国第8集团军退守阿拉曼防线的广播，隆美尔也听见了。隆美

第四章 德军掀起沙漠风暴

1942年夏季,隆美尔(前)率领德意联军进驻阿拉曼

尔对播送的消息深信不疑,德意联军将要在阿拉曼与英军决一雌雄了。

6月30日清晨,隆美尔制定了行动计划:德军装出向卡塔腊盆地进攻的姿态,而于当天夜晚进驻阿拉曼车站西南近20千米处的阵地。

不久,隆美尔下令将进攻的时间推迟24小时,以便使德意联军能准备得更加充分。

隆美尔没有想到的是,由于他的这一决定给奥金莱克和英军赢得了最宝贵的1天时间,对于奥金莱克来说,宝贵的准备时间比坦克还要重要。

奥金莱克抓住这1天的时间加固了阿拉曼的防御工事。在阿拉曼防线,奥金莱克决心固守待援,他身边的兵力太少了。而隆美尔更缺少供应,德军的补给线在后方长达几千米,而德军的士兵已经累得快不行了。这两支残军都在积极准备歼灭对方。

很快，奥金莱克调来了更多的英军部队。奥金莱克在阿拉曼挖壕坚守。

在以后的6个星期里，奥金莱克与第8集团军的官兵们住在一起睡在露天，吃一样的食物。奥金莱克用自己的镇定来鼓舞第8集团军官兵的士气。

阿拉曼防线长达64千米，由一系列被人称为"盒子"的据点连成。错综复杂的地雷区被铁丝网紧紧地包裹着，英军修筑了坚固的碉堡、防空洞和土木工程。

阿拉曼防线从地中海向南一直蜿蜒到贫瘠的山地，这片山地是卡塔腊谷地的边缘。卡塔拉谷地位于海平面208米以下，重型车辆不可能通过。德军无法从侧翼进攻阿拉曼防线，隆美尔就算再厉害也只能从正面进攻。

同时，奥金莱克开始为应付失败而做准备。6月30日，奥金莱克派霍姆斯去后方组织尼罗河三角洲的防御。

一切部署好了以后，奥金莱克在他紧临前线的指挥部中等待隆美尔的进攻。

7月1日，奥金莱克下令：必要时从阿拉曼撤退。奥金莱克认为，在现在的条件下，在阿拉曼下达"不准撤退"的命令太愚蠢了。

因为，他除了兼任第8集团军司令官以外，他还是中东英军的总司令，考虑问题时必须着眼于全局。

他必须保存第8集团军的实力，为了赢得第二次世界大战的胜利，海湾地区的石油比埃及重要多了。

同一天，德军对阿拉曼的进攻开始了。由于隆美尔判断错误，德军发动的进攻失败了。

德军发现迪尔阿卜德没有英军据点，但在5公里以东的迪尔西因却有新的据点。

这个据点的英军把德军牢牢地挡住了。到了傍晚，英军击毁了隆美尔剩下的 50 辆坦克中的 18 辆。增援上来的英军装甲部队使德军无法向前推进。

隆美尔不甘示弱，指挥德军趁月色发起进攻。只剩 1/6 兵力的德军第 90 装甲师的步兵和机枪手们立即爬上卡车和装甲车，展开队形向阿拉曼进发，企图突破阿拉曼防线，遭到英军步兵和炮兵火力的猛烈射击，仓皇逃回。

后来，隆美尔亲自驱车指挥，重新发动进攻，一颗炮弹在距离隆美尔的小汽车 6 米的地方爆炸。德军拼命地挖坑，以便躲进坑中。

德军作战处长梅林津回忆道："到了 7 月 1 日，我们的胜利已经变成了泡影。我们以巧妙的机动来打击敌人，其实我们陷入与英军的消耗战中。"

这时的中东英军总司令奥金莱克与以往就像是两个人一样。以前，奥金莱克不仅要为英军前线的作战制定军事计划，而且还要对付叙利亚、波斯潜伏的危险。当德意联军入侵埃及时，奥金莱克把全部的精力都倾注到对德军防御作战的指挥上。

奥金莱克亲赴阵地，巡视防线，指挥作战。7 月 2 日，虽然德军仍在进攻，但奥金莱克找到了德军的弱点，向德军进攻部队缺少保护的南侧发动猛烈的反攻。隆美尔被迫抽调德军第 15 装甲师赶去支援。

7 月 3 日，隆美尔指挥德国第 90 装甲师和意大利"塔兰特"师朝阿拉曼的据点发动突击，以便进行中间突破。奥金莱克指挥装甲部队进行抗击。下午，勇敢善战的新西兰师进攻意军战斗力最强的"阿里塔"师，新西兰师的步兵都上起了刺刀，发起集团冲锋。

新西兰师第 19 营在向阿里塔师的侧翼发动进攻时，俘虏意军 400 人，其他意军扔掉武器，四散而逃了。

7 月 3 日，隆美尔为了突破亚历山大港前的阿拉曼防线，已指挥德军进攻了几天。几天来，隆美尔成天待在前线，住在指挥车里或者趴在坑里。

英军空军对德意联军的威胁太大。隆美尔向德军最高统帅部发电,报告说从6月中旬开始的追击已经结束。

德军已经无力进攻了,装甲部队只剩下12辆坦克。但是,隆美尔想,只要几天内补给跟上来,他就能再次进攻了,像拿破仑一样进入开罗。

奥金莱克决定迫使德军停止进攻,他发动了多次反攻,打乱隆美尔几天后即将发动进攻的计划。

7月3日晚,奥金莱克给前线官兵发了一封电报给予鼓励:"第8集团军的全体官兵,打得好!这是让人高兴的一天,只要我们坚持住,胜利就是我们的。"

从此,德意联军与英军展开了消耗战,奥金莱克经常向隆美尔发起

英军在阿拉曼顽强抗击德意联军的进攻

进攻。

后来，奥金莱克更加倾向于攻打意军，并取得了辉煌的战果，气得德军大骂："意大利人该尝尝皮鞭的滋味了，6辆英军坦克竟消灭了意军的一个营。这些意大利人在死以前这么胆小，这真是丢尽了罗马祖先的脸面，我们为总司令不得不和意大利部队合作而感到遗憾。"

英军的小规模进攻给隆美尔造成了十分严重的后果，德军的装甲部队失去了平衡，还把隆美尔准备用来作为进攻的库存汽油和弹药消耗光了。

隆美尔看到，英军正在把意军一点一点地消灭掉，这样下去，德军的力量将会变得更加单薄，无力抵御英军的进攻。

德军对阿拉曼防线的进攻完全失败了，隆美尔被迫承认这一点。

隆美尔发现奥金莱克对于兵力的运用很有一套，从战术上来看，比里奇强多了。

虽然德军不断地向英军的阿拉曼防线发起进攻。然而，奥金莱克巧妙地运用坚守与进攻相结合的战术把隆美尔死死缠住了。

奥金莱克以超前的战略部署、杰出的指挥使英军终于守住了阿拉曼防线。在7月的苦战中，英军伤亡近2万人，但成功地阻止了德军前进的步伐。

"非洲军团"喘息之机

就在奥金莱克指挥第8集团军与隆美尔展开消耗战并取得重大胜利时，有个人却对他强烈不满。他就是大英帝国首相丘吉尔。

隆美尔的参谋官梅伦廷少校回忆道："不可否认，当时德军已无力抵挡第 8 集团军的大规模进攻了。"

英军在阿拉曼防线成功挡住了德军的进攻,当时的德军装备、弹药和给养匮缺,兵力严重减员,如果英军在那时组织起一次大规模的进攻,那么沙漠战争就很可能已经结束了。

谨慎的奥金莱克决定暂时停止进攻,整编军队,这就给德军一些时间来休整和补充兵员。

德军的给养和新兵是从利比亚首都的黎波里穿越 1931 千米里交通线运来的。

德军和英军在静止不动的阿拉曼防线死死地对峙着,这种阵地战是隆美尔十分憎恨的,但装备优良的英军却擅长打阵地战。幸亏德国空军的"俯冲式"轰炸机再次轰炸英军阵地,使德军恢复了一点士气。

当隆美尔听说英军撤离了南部防线的卡雷特拉布特据点时,他又经不住诱惑了。隆美尔命令第 21 装甲师和意大利"利托里奥"师去占领卡雷特拉布特据点。

英军令人不解地撤离了这一重要据点,给了德军一次难得的机遇,进攻隆美尔认为已经快崩溃的英军防线。

当英军的大炮不断地向北部前线靠海的那一端轰击时,德军上当了。原来,奥金莱克将军已经把主力部队调到了北边,先进攻北部前线相对薄弱的意军。

在进攻中,澳大利亚第 9 师的老兵们从阿拉曼防线的据点中发起了集团冲锋,他们向西冲去,打垮了意大利师,顺着海岸公路把意军追到特勒艾莎高地,并占领了这个高地。拼命逃跑的意大利官兵一片混乱,逃到前线后面几公里的隆美尔指挥所,德军将这一情景称为:"最后的恐慌和溃退。"

澳大利亚第 9 师的进攻,使隆美尔失去了德军情报部门在监听英军通讯信息方面表现杰出的"信号窃听部"。"信号窃听部"的指挥官和大多

第四章 德军掀起沙漠风暴

阿拉曼之战后撤退的德意军团

数人员都被击毙，密码本和其他装备都被炸毁了。

第二天，德军发起进攻，德军的目标一直没有变——冲过澳军在特勒艾莎的突击部队，到达海边。然而，在英国皇家空军猛烈的空中轰炸后，澳军在大炮的掩护下把德军再次打退。

在以后的几天中，进攻的组织者在英军和德军之间来回转换，一会是进攻者，一会又变成了撤退者。奥金莱克逐渐把主力调往防线的中部，那里是胆小如鼠的意军。奥金莱克的妙计奏效，隆美尔被迫用炮轰才挡住了英军强大的攻势，他还被迫把德军和意军编在一起，以加强防御的力量。

7月底，战斗仍未停止。很明显，德军已经无力突破防线了。在空军的掩护下，奥金莱克掌握了主动权。隆美尔正在打一场注定失败的消耗战：德军的兵员和供给品又快消耗光了。

夜晚，隆美尔命令德军挖壕固守，然后给凯塞林发报，说他停止了进攻。德军原来胜利在望的这次进攻战，现在停止了。记得在6月30日那一天，隆美尔有力量把英军歼灭，但那一天一去不复返了。

就在奥金莱克指挥第8集团军与隆美尔展开消耗战并取得重大胜利时，有个人却对他强烈不满。那个人就是大英帝国首相丘吉尔。

托布鲁克陷落时，丘吉尔刚到美国。丘吉尔计划与罗斯福正在商讨美英两国1942—1943年的联合作战计划。赴美国以前，北非战事已经向不利于英军的方向发展。丘吉尔曾经致电奥金莱克，命令保卫托布鲁克，奥金莱克做出了保证。

6月21日上午8时，丘吉尔等人在严密的护送下进入白宫。丘吉尔待在宽大的有空调的房间中，用了1小时的时间阅读电报。早餐过后，丘吉尔来到罗斯福的书房里。一会儿，一封电报送到罗斯福手中。罗斯福把电报递给了丘吉尔。

原来，托布鲁克沦陷了。丘吉尔让人打电话去伦敦询问。几分钟后，

第四章 德军掀起沙漠风暴

溃败的德军装甲部队

得到回报：

托布鲁克已经陷落，亚历山大港可能遭到严重的空袭。

托布鲁克的沦陷对英军是一大灾难，丘吉尔认为这是奇耻大辱，称其为"粉碎性的和令人无法接受的重击"。

没有什么比罗斯福的同情心和侠义之情更加珍贵的了。罗斯福没有责备，更没有说什么讥讽之词。罗斯福总统说，我们能做些什么帮助你呢？

丘吉尔说，请给英国尽量多的谢尔曼式坦克，尽快把它们运到埃及。罗斯福叫人立即去请马歇尔将军。几分钟后，马歇尔将军来了。罗斯福提出丘吉尔的请求，马歇尔回答说谢尔曼式坦克刚刚投产，第一批几百辆已经装备给美国的装甲部队，在此以前，他们装备的是落后的坦克。从军队的手中要走武器，那是很难的事情。不过，如果英国急需，我们一定想办法。"

罗斯福和马歇尔信守诺言,将300辆谢尔曼式坦克和100门自行火炮装上6艘美国最快的轮船,运到了苏伊士运河。

在与罗斯福总统商谈后,丘吉尔立即回到了英国。丘吉尔的秘书佩克说:"英国的情况很糟糕,应该把问题考虑得严重一些。"

丘吉尔的心情非常沉重,他问道:"保守党那边情况如何?"

"保守党很有势力的议员约翰·沃德洛提出一项动议,表示对战时内阁有关战争的决策不予信任。"

丘吉尔生气地说:"好吧,就让下院再举行一次信任投票吧。"

佩克小声说:"阁下,您在托布鲁克沦陷前不久刚刚举行过一次信任投票,现在下院再投一次,恐怕不太好吧。"

丘吉尔无可奈何地说:"别说了,我知道,托布鲁克的沦陷引起保守党对我的不满,但我能应付过去的。"

1942年7月2日,英国议会大厦像乱糟糟的农贸市场,议员们三五

美国运到北非战场上的谢尔曼坦克集群

第四章 德军掀起沙漠风暴

成群聚集在一起,互相争论着什么。在后座的席位上,保守党财政委员会主席沃德洛在那里等待着,他对自己发起的不信任动议充满了自信。

经过议员们两天的激烈辩论后,该轮到丘吉尔答辩了。丘吉尔再次向议员们展示了他那不容置辩的口才:

……我们正在为英国的生存而战,为比自己的生命更加宝贵的国家而战,我们无权假设英国一定能取得胜利。我们只有忠于职守,胜利才会属于我们。下议院的责任在于支持政府,或者替换政府,如果下议院不能替换政府,就必须支持政府……你们有权解除我的职务,你们没有权力要求我担负责任而又不给行使的权力,就如同那位尊敬的议员所说的那样,"在各方面受到权威人士的制约"。

……在全世界,在美国,在苏联,在遥远的中国,在每一个遭受法西斯迫害的国家中,英国的朋友都在期待着,在英国是否有一个团结的政府。如果那些反对我的人减少到微不足道的人数,而他们对政府所投的不信任票转变成对这一动议的发起者的不信任票,无可否认,英国的每个朋友和英国的每一个忠诚的国民都会为之欢呼!

结果,下议院举行了表决,丘吉尔以自己的坦诚赢得了大家的信任!丘吉尔在议会受到了不信任动议的强烈抨击,好不容易才使自己解脱出来,这一幕回忆起来一直使丘吉尔心有余悸。

虽然丘吉尔以较大的比数赢得了下院的表决,可是英国面临的危机却是很难解决的。当时,通向埃及的道路畅通无阻,隆美尔正指挥德意联军向前进攻,隆美尔对德军官兵们说10天之内就能占领开罗。

奥金莱克被迫为过去几周中第8集团军的接连战败,特别是里奇的指挥不当而承担责任。丘吉尔不肯原谅他,奥金莱克在英国的声誉也因为他挑选的那些司令官们的失误而丧失殆尽。丘吉尔认为必须撤换沙漠总指挥官,以此来阻止德军的进攻。

1942年8月份,两位将军飞抵开罗。一位是哈罗德·鲁波特·亚历

丘吉尔（前右）与罗斯福（前左）会晤

第四章 德军掀起沙漠风暴

山大将军,亚历山大是敦刻尔克大撤退中最后一个离开海岸的司令官。

亚历山大十分富有,镇定自若,具有杰出的军事指挥艺术。在那次著名的敦刻尔克大撤退中,亚历山大依然镇定地坐在餐桌前,慢慢地品尝着面包片和牛奶。

现在,亚历山大前来接任奥金莱克的职务。随他一起来的是陆军中将伯纳德·蒙哥马利将军。

军官们对蒙哥马利的评价为:性格急躁、十分健谈、为人冷漠、不入俗套。蒙哥马利的性格与亚历山大大相径庭,但这并没有影响他们之间那种高效的合作关系。

第五章

鏖战阿拉曼

蒙哥马利横空出世

> 蒙哥马利来到北非之后的最重要的事情就是"让士兵使出最大的力量"。

德军兵临阿拉曼,英军节节败退,在伦敦引起哗然大波。作为首相和国防部长的丘吉尔出于国家与个人的考虑,急切盼望打一场胜仗来提高英国的民心、士气和威望。

当时,打败"沙漠之狐"隆美尔成为英国上下一致的心愿。

然而,奥金莱克将军在北非却正在准备后退,显然,他不能为大英帝国创造这种胜利。

英军参谋长布鲁克对丘吉尔说:"危机已经来了,我必须过去看看,到底哪里错误了。"

丘吉尔首相同意布鲁克的看法,并同他一起来到开罗。经协商,任命第 13 军军长戈特将军为第 8 集团军司令。

但是,8 月 7 日,戈特乘飞机上任,途中被德机击落,出师未捷身先死。于是,刚刚被任命为第 1 集团军司令不到 24 小时的蒙哥马利被改任为第 8 集团军司令。

这是蒙哥马利一生中的最重大转折。

蒙哥马利来到北非之后的最重要的事情就是"让士兵使出最大的力量"。

1942 年 8 月 12 日早晨,蒙哥马利走马上任第 8 集团军司令,他在开罗机场走下飞机时,英军第 8 集团军的军事机关正忙于焚烧档案,以备撤退。而亚历山大港的英舰已经离开了那里。

蒙哥马利（前排右一）主持作战计划的会议

蒙哥马利到达司令部后，立即宣布：取消所有准备撤退的命令。

蒙哥马利准备做四件事：一是树立他的形象，恢复全集团军的信心；二是审查指挥机构，砍掉普遍存在的"朽木"；三是建立与他性格和作战理论相适应的指挥系统；四是对付隆美尔。

按理来说，对付隆美尔才是最重要的事情，但却排在了最后。这充分显示了蒙哥马利的才能。因为前三个问题才是英军屡吃败仗的主要症结，只有解决症结，才能对付隆美尔。

为树立自己的形象，8月13日下午，蒙哥马利向第8集团军全体参谋人员作了讲话。

他的讲话和"决不后退"的命令很快传开了，初步稳定了军心。

蒙哥马利迅速、公正地撤换了一些"朽木"，如科贝特、史密斯、伦顿……换上了一些年轻力强的人，调奥利夫·利斯来接管北面的第30军，调霍罗克斯来接管南面的第13军，调柯克曼准将为炮兵指挥官。

事实证明，蒙哥马利的这些决策，是极其正确的。

蒙哥马利深入到广大官兵中间，阐述作战主张。他还改革了第8集团军司令部，既摆脱了忙碌得像蜂房一样的司令部工作，又使他能与实际指挥战斗的将军们保持密切的接触。

做完这些事情后，蒙哥马利才开始认真研究他的对手隆美尔。

1942年7月，隆美尔指挥德意联军攻打阿拉曼防线彻底失败，双方形成了僵持态势，隆美尔和德国最高统帅部已经决定放弃进攻。然而，急于攻占阿拉曼防线，并想一举扭转战局的希特勒不甘示弱，要求隆美尔继续攻打阿拉曼防线。意大利统帅部也要求隆美尔不管遇到多大的困难也不要撤退。

站在坦克里的英军第8集团军司令蒙哥马利

经过认真研究，隆美尔发现战局对他非常不利。但由于两国统帅部的不断施压，隆美尔不顾官兵疲惫、给养匮乏，以及燃料缺乏的不利情况，决定执行命令。

面对着补给艰难的残酷现实，德军在草原经过休整后，隆美尔准备再次攻打奥金莱克的阿拉曼防线，占领苏伊士运河。隆美尔认为，若不趁着目前双方兵力尚处于均势的机会，组织进攻，到时恐怕会失去向开罗进军的最后时机了。隆美尔不想失去这个机会，宁愿冒着巨大的风险组织进攻。

阿拉曼防线北临地中海、朝南蜿蜒64千米到达卡塔腊洼地的盐碱滩。阿拉曼防线地势复杂，英军守卫严密，很难攻打。阿拉曼防线没有装甲部队能够绕过的开阔地带，又很难从正面突破，隆美尔觉得德军不能给英军更多的时间积蓄力量，德军必须进攻。

于是，隆美尔计划以哈勒法山为突破口，从哈勒法山以东率军北上，再向贝尔哈凯姆方向进攻海岸。接着，横扫英军防线，摧毁英军第8集团军，粉碎阿拉曼防线，占领苏伊士运河地区，扭转不利的局势，为占领开罗打通道路。

隆美尔的军事部署是大胆而新奇的，命令德军第164师和意军的"特伦托"师和"博洛尼亚"师通过进攻来牵制阿拉曼防线北部的英军第36军。再以德军第90装甲师、第15装甲师和21装甲师、意军摩托化军（下辖"艾里特"师和"利托里奥"师）、"富尔戈雷"师和侦察大队，朝阿拉曼防线最南端的据点希迈马特的英军第13军发动主攻。

希迈马特是英军防御的薄弱处，阵地前只用雷区进行了封锁。通过认真研究后，隆美尔为德意联军的进攻计划积极准备。隆美尔的作战目的是，从南端冲过英军防线，部分兵力向东进发32千米抵达左侧的哈勒法山，再绕过山脊，对英军的主力部队形成包围，然后发起进攻。同时，部分兵力向北到达海岸，再向东进攻，切断英军的补给线，使英军原地固守,坐以待毙,或者朝西突围,退出埃及。

隆美尔的军事计划可以说是完美无缺的,然而他并不知道等待德意联军的将是命运的安排。

根据英国"超级机密"所提供的重要情报,英国第8集团军总司令蒙哥马利对隆美尔的作战计划已经了解,正在积极准备应战,决定调重兵坚守战线南端和哈勒法山地。

当时,英军的主要部队为8个师。北部阵地由第9澳大利亚师的主力坚守特勒埃萨突出部,第1南非师坚守第9澳大利亚师的阵地与鲁瓦伊萨特岭之间的地区,第5印度旅坚守鲁瓦伊萨特岭阵地,岭南的第2

行动中的德军第90装甲师

新西兰师坚守代尔穆纳西卜高地，第44师和第22装甲旅坚守哈勒法山，第7装甲师藏在东南部，作为预备部队。英军官兵士气旺盛，积极准备迎击德意联军，一旦德意联军发动进攻，马上给予痛击，让德意联军失去还手能力。另外，蒙哥马利派人布设了6个连在一起的地雷区，修筑了坚固的炮台。

英军的每个步兵师都装备了威力更大的新式6磅反坦克炮。英军部署在防线前沿的713辆坦克中，其中有164辆是美制坦克，这些美制坦克装备了性能优良的75毫米炮。

当时，双方的实力对比是英军远远强于德军。英军的坦克比德意联军多了1/5，飞机比德军多了4倍。8月，英军获得的补给是德意联军的10倍。当时，英军的装备和官兵的素质都超过了非洲战争以来的任何时候，而德意联军在人员和装备补给上已经处于最低点，形势对德意联军是非常不利的。

1942年8月26日，隆美尔向最高统帅部报告，他即将指挥德军进攻。隆美尔抱病巡视了沿线阵地，准备向阿曼防线上的英军发起大规模的进攻。

8月30日，隆美尔下令进攻。

"今天"，隆美尔向官兵们下令，"军团再次向英军发起进攻，我们会歼灭他们的。这是一个令人永生难忘的日子。我希望军团里的每一位官兵在这富有重大使命的日子里，勇猛前进，奋力杀敌！法西斯意大利万岁！伟大的德意志帝国万岁！"

30日晚10时，德军装甲部队向英军的地雷区开始进发。

当德军装甲部队通过德军的防御阵地时，工兵们拿着小手灯，指引坦克通过布雷区的缺口。很快，德军装甲部队立即加快速度，朝英军防线扑去。

到达英军的地雷区后，德军工兵下车在雷区排雷。忽然，英军的轻重机枪、火炮和迫击炮同时开火。密集的子弹射向在雷区的德军工兵,炮弹似雨点般不断砸向德军坦克群。

对德军来说,更加可怕的事情发生了。凌晨2时40分,德军阵地被英军的照明弹照得亮似白昼,英国空军发动了大规模的空袭。

正在指挥作战的德军第21装甲师师长冯·俾斯麦将军被一发迫击炮弹击中,当场丧命。

几分钟后,一架英军轰炸机轰炸了德军指挥官涅林的指挥车,击毁了涅林的电台。涅林和手下的很多军官当场身亡,拜尔莱马上换乘另一辆指挥车,担任德军的临时指挥官。

8月31日上午,德国工兵不顾枪林弹雨,在英军地雷区中打通了一条道路,隆美尔下令继续进攻。

一辆德军半履带车经过被击毁的英军丘吉尔式坦克

8月31日夜间，照明弹把德军阵地照得通明透亮，英国皇家空军的轰炸机群疯狂地轰炸完全暴露的德军。

英军的炮群发射了密集的炮弹，不断地砸向德军。

9月1日清晨，德军第15装甲师准备围攻英军第22装甲旅，遭到猛烈的打击，被迫撤退。下午，德国第15装甲师再次发动进攻，被藏在工事里的英国第10装甲师的坦克击退。

蒙哥马利指挥英军，对德军形成包围圈。天黑前，德军发动了3次突围，都失败了。

战斗持续到9月2日上午，德军伤亡惨重，燃料紧缺，无法向前进攻。隆美尔不得不被迫停止进攻，当夜命令德军逐步退回出发阵地。

9月2日下午5点30分，凯塞林来到隆美尔的指挥车上，凯塞林面容严峻地告诉隆美尔：这一失败破坏了元首的战略部署。

隆美尔努力解释为何下令停止进攻，他详细地叙述了英军空军猛烈可怕的空袭，请求德国最高统帅部从根本上解决给养状况。

同样，蒙哥马利也下令停止了进攻。蒙哥马利认为，凭目前的英军实力，还不可能彻底歼灭德意联军。蒙哥马利不想让英军装甲部队像以前那样在追击时被隆美尔收拾掉。蒙哥马利决定继续做好防御准备，在绝对有把握的时候才向德军发起总攻。

战役结束后，蒙哥马利写信给自己的朋友："我与隆美尔的第一次交锋是很有意思的。幸亏我还有时间整理这个烂摊子，为作战而积极作准备，结果轻易地把隆美尔的进攻化解了，我感到我在这场比赛中胜了第一轮，第一轮是隆美尔发的球，第二轮该轮到我发球了。"

在这次战役中，德意联军死亡570人，伤残1800人，俘虏570人；损失50辆坦克、15门大炮、35门反坦克炮、400辆机动车。英军伤亡1751人，损失68辆坦克、18门反坦克炮。

就这样，德意联军失去了进攻开罗的最后希望。隆美尔已经丧失了主动权,没有力量发动进攻。这就使德意联军在下一次阿拉曼战役中注定会失败。

经过哈勒法山阻击战后,英军官兵的自信心大增。哈勒法山阻击战是英军进入北非作战以来赢得的最大的胜利。这时的英军没有因为胜利而骄傲自满,而是总结了哈勒法山阻击战的成功经验,为下一次阿拉曼战役作准备。

在此战中,英军各部队之间配合紧密:陆军与空军互相支援,相互间达到了心有灵犀的最高境界。英国皇家空军采用高超的战术,夺取了战场上的制空权,不断地袭击德意联军。英军成功地将德意联军压缩在地雷区内,成为飞机轰炸的目标。

另外,"超级机密"情报是英军制敌先机的重要因素。在此战中,蒙

北非战场的意大利炮兵

哥马利运用了假情报和欺骗战术,也发挥了很大的作用。蒙哥马利的欺骗战术被继续运用于下一次阿拉曼战役中。

隆美尔设防卡塔腊

隆美尔面临着的困难处境是无法想象的:食物只够吃3个星期,坦克的燃料只够用1个星期,运输车辆、零件和弹药都十分匮乏。兵力严重不足,在5万名德军和5.4万名意军中,大多数是伤员。

在哈勒法山一战中战败的隆美尔率部退守阿拉曼以西卡塔腊洼地防线。

卡塔腊洼地防线正面宽60千米,纵深为20千米,北临地中海,南临坦克无法通行的卡塔腊洼地,两侧完全无忧。

1942年夏末,每个人都感觉到了大战在即的紧张气氛。问题是什么时候开战,不管是在开罗城的酒吧,还是在英国第8集团军的阿拉曼防线,人们正在不停地争论着即将开始的战役。能确定的事情是:这场战役比北非大漠所发生过的任何战役都要大。

突破和占领卡塔腊洼地,意义重大。如果能把德意联军击退,并使德意联军遭受重大的损失,德意联军将无法在北非立足。

这时,德意联军经过长期的沙漠连续作战,在体力、兵员和装备、给养消耗都达到了顶峰。德意联军难以得到及时的补充,战斗力急剧下降。

在"超级机密"情报的指引下,英国空军给意大利补给船队和北非港口以准确而沉重的打击,打乱了德国和意大利的后勤补给计划。隆美尔计算，在1942年的前8个月中，德意联军只能得到最低补给量的40%。

无论从兵员的数量和装备的质量上看，德意军队明显处于劣势。特别是在装甲车和坦克等机动作战装备方面。

1942年8月，英国第8集团军得到了大批装甲部队，组成精锐的第10装甲军。德意联军只得到了少量补充，但主要是非机械化部队，甚至把两支空降部队加入到地面作战力量之中。由于装甲部队的机动性和攻击力在沙漠作战中能够发挥优势，德意联军补充的非机械化部队几乎难以发挥作用。

在空中力量方面，英军空军掌握了制空权，在支援地面部队作战方面积累了丰富的经验。

德意联军一直燃料补给不足，在几次作战中，德意联军都由于缺乏燃料而中途被迫撤退，所取得的早期成功也化为泡影。

自从德意联军入侵埃及以来，补给线被拉得过长，托布鲁克的补给供应无法满足隆美尔的需要。德国和意大利的运输船队经常遭受盟军的空袭和海上进攻，没有到北非港口就沉入大海，使燃料紧缺的隆美尔更加窘迫。

在沙漠作战中，没有燃料能够置军队于死地。这次阿拉曼战役开始以前，隆美尔只剩下4天的燃料了，弹药只够用9天。燃料的严重紧缺，使隆美尔无法再打机动战了，被迫改变战术。

坦克和装甲车在难以隐蔽的沙漠上作战，经常成为英国空军轰炸机攻击的目标。由于各种不利因素的制约，隆美尔被迫打一场阵地战：利用步兵坚守阵地，不惜一切代价，阻止英军的进攻。一旦英军攻入防线，马上发动反攻把英军歼灭，以阻止英军冲破防线，造成难以控制的局面。

隆美尔在整个阵地上建立了8至13千米宽的防御体系。隆美尔让部队坚守阵地，阵地最前沿埋设了大面积的雷区。

第五章 鏖战阿拉曼

美军士兵正在排雷

第一道地雷区纵深为 900 至 1800 米，后面是无人区，只设立了少数哨所进行监视；再后面 1800 米处是主阵地，由德意联军步兵重点防守，装备高爆炸弹、火炮以及反坦克炮。

主阵地后面部署了装甲部队。整个布雷区威力最大的是北部雷区，纵深长达 4500～8200 米，布设了 50 万颗地雷。雷区中修筑了防御点，号称"魔鬼的花园"，容纳了相当兵力。与北面雷区相比，南部雷区虽然较小，但南部雷区占据有利的位置，防御力量也很强。

德意联军共有 4 个德国师、8 个意大利师，其精锐部队是 4 个装甲师和 2 个摩托化师。德意联军装备了 490 辆坦克、1200 门火炮、675 架飞机，总兵力约为 10 万人，其中德军 5 万人。

经过重组后，兵力的配置产生了变化。德军和意军混合编成了 6 个步兵师，坚守主阵地。德军装甲部队第21装甲师率意军"利托里奥"师坚守战线南端，德军装甲部队第15师率意军"艾里特"师坚守战线北端。

德军第90装甲师作为预备队进驻北段后方海岸一带。意军装备太落后，士气不振，为了提高意军的士气，隆美尔把德军和意军混合编组，部署在阵地上，在很大程度上达到了预期目的，可是却影响了隆美尔在关键时刻对德军的集中使用。

英国第8集团军下辖第10军、第13军和第30军，共11个师又6个独立旅，精锐部队是4个装甲师和2个装甲旅。

英军拥有1200辆坦克、2310门火炮和750架飞机，总兵力约为19.5万人。

蒙哥马利的作战目的是，攻占德意联军的防御阵地后，立即向西追击，攻占昔兰尼加和利比亚首都的黎波里，与即将在法属北非登陆的美英联军会师，把北非的德意联军全部歼灭。

蒙哥马利正在策划一个庞大的作战计划，那就是在阿拉曼发动一次大规模的进攻，彻底歼灭德意联军的主力，当那一天来临以前，时机还不成熟时，蒙哥马利不会冒然进攻的。

9月5日晚，蒙哥马利与英军中东总司令亚历山大将军在一起会谈。蒙哥马利提出，为了将来大规模进攻的需要，日后在对外报道德军在哈勒法进攻战败一事时，必须低调处理。亚历山大同意了。

6日，亚历山大给英国作战部发去一份蒙哥马利亲自起草的电文报告，请求英国媒体不要宣传英军的战绩，如果非要宣传，希望命令记者按以下概要发布：德军装甲部队大举进攻英军南部翼侧，战斗5天后，战况激烈，德军被英军各兵种联合作战打退。德军在物资方面损失惨重，英军损失较小。

9月14日，蒙哥马利制定了阿拉曼战役的进攻计划，被称为"捷足"

英军高级将领在研究作战计划

计划，决心于10月23日夜晚开始实施。

英军军事部署为：

利斯将军率领第30军，下辖澳大利亚第9师、苏格兰第51师、新西兰第2师和南非第1师，从北面主攻德意联军阵地，负责歼灭德意联军的步兵部队，在地雷区开辟两条通道。接着，由拉姆斯登将军率领第10装甲军，通过两条通道，占领开阔地带，阻击德军装甲部队的反攻。第13军军长霍罗克斯率领第7装甲师、第44师和第50师在南面进行佯攻，牵制德军装甲部队，支援第10军展开进攻。第13军必须避免严重损失，特别是第 7 装甲师必须保持实力，以便向德意联军防线的纵深地带推进后能够机动作战。

蒙哥马利企图同时进攻德意联军的两侧，但却不打算率先从两侧发动，而是从中央偏右处进攻，等第 30 军突破防线后，再根据具体情况，选择最佳的（或左或右）方向，进攻德意联军。

9 月 16 日，在军事会议上，蒙哥马利提出了这个计划，军官们都没有反对。远在伦敦的丘吉尔知道后，对这个计划表示不满。让丘吉尔不满意的地方是进攻的日期。

丘吉尔给亚历山大发去电报，要求他把进攻的时间提前，最好在 9 月下旬进行。亚历山大接到电报后，马上去找蒙哥马利。

蒙哥马利读过电报后，生气地说："让我们 9 月份进攻？不会是疯了吧！我可不能这样做，现在什么都没有准备好，仓促进攻，肯定战败。若等到 10 月份进攻，我保证一定胜利。你说，我是不是服从在 9 月份发动进攻的命令呢？"

"首相的目的，或许想配合苏军的一些攻势，还可与盟军将于 11 月初在法属北非海岸登陆的'火炬'战役遥相呼应。我认为'捷足'计划在'火炬'以前两周发动最好，这时我们能够歼灭抵抗我们的大部分敌军。"

在整个沙漠作战中，亚历山大始终如一地支持蒙哥马利。这次，亚历山大完全根据蒙哥马利的意见发了电文，回复丘吉尔，表示进攻无法提前，必须推迟到 10 月。丘吉尔暴跳如雷，但最终被迫同意了。

化解了丘吉尔的干扰，蒙哥马利得到了一定的时间来进行训练和重组这两大棘手的工作。在英国第 8 集团军中，有两个刚到达埃及的英军师，第 44 师和第 51 师。

这两个师没有沙漠作战的经验。9 月 29 日夜间，第 44 师的两个旅袭击了穆纳西卜洼地，结果损失惨重。由于这两个旅伤亡太重，被迫解散了，而剩下的第 133 旅被调往第 10 军组建成车载步兵旅。

第 51 师拥有一个训练场，进行过多次军事演习。第 51 师被配属给北面的澳大利亚第 9 师，以使澳大利亚第 9 师每周能抽出一个旅进行训练。

在 10 月 18 日以前，第 7 装甲师第 4 装甲旅还需要担负作战任务，无法进行训练。而第 22 旅担负的作战任务少，举行了多次演习。

托布鲁克沦陷后，美国总统罗斯福同意了丘吉尔的请求，向节节败退的北非英军提供 300 辆"谢尔曼"坦克。

9 月份，300 辆"谢尔曼"坦克运抵埃及，由于一些原因，还未装备给英军。结果，第 10 装甲军的训练大打折扣。蒙哥马利要求他们以能够采取的方式进行训练，以提高战斗力。

蒙哥马利十分重视英军的训练情况。虽然英军的训练水平提高了，但却没有达到预期的目标。尤其是装甲部队的训练水平进展不大，蒙哥马利认为英军还不能突破德军防线，并在坦克战中取得胜利。

蒙哥马利认为，如果训练未能达到预期目标，进攻很可能失败。他觉得肩负的责任十分沉重。

在英军的训练上，蒙哥马利最重视的是扫雷训练。蒙哥马利派工兵处长基希准组建了扫雷分队，训练工兵排雷。蒙哥马利命令工兵第 3 连连长彼得·穆尔少校专门负责训练工作。

穆尔建立了扫雷学校，在他和后来的柯里少校的努力下为扫雷学校制定了一整套训练方法，于 10 月 23 日前培训了 56 组扫雷人员。

扫雷学校还把"马蒂尔达"坦克改装成扫雷装置，目的是减少工兵排雷的巨大危险，扫雷装置又称"蝎子"，后来在非洲战争中没有太大的用处，工兵还是用地雷探测器来排雷。

"蝎子"在英国经过多次改进后，在诺曼底登陆时终于发挥了作用。

10 月 15 日，根据英国情报机关的报告，蒙哥马利得知了德意联军的处境。这份报告说，隆美尔面临着的困难处境是无法想象的：食物只够吃 3 个星期，坦克的燃料只够用 1 个星期，运输车辆、零件和弹药都十分匮乏。兵力严重不足，在 5 万名德军和 5.4 万名意军中，大多数是伤员。

另外，由于隆美尔向德国最高统帅部抱怨军需物资补给匮乏，以及表达了对非洲战局的悲观看法，致使元首希特勒十分不满，希特勒认为隆美尔是个悲观主义者，对隆美尔能否继续统率"非洲军团"表示疑虑，看来隆美尔已经失宠了。

这份情报对英军十分有利。然而，蒙哥马利十分清楚阿拉曼德意联军的防御体系，特别是几十万颗地雷铺设的一系列雷区，使他顾虑重重。

10 月 6 日，蒙哥马利改变"捷足"计划，修改后的"捷足"计划作战原则与原来大不相同。这个计划就是在使隆美尔相信英军的进攻方向在南部防线，并向南部防线增兵的同时，第 8 集团军率先对德军步兵部队发

运输德军军需物资的飞机

动歼灭战,并把德军装甲部队拖住,使其无法前往救援,再用密集的装甲部队摧毁德军装甲部队,把德军装甲部队彻底歼灭。

这个计划是一项沙漠战术的大胆革新,蒙哥马利改变了以前先用装甲部队击败敌军的装甲部队,再歼灭暴露的敌军步兵的传统战法,而把传统战法完全颠倒了。

这个计划不符合常规,冒有很大的风险。如果被隆美尔化解,战局将很难控制,遭到了从中东英军总司令亚历山大到英国第8集团军所有军官和参谋的一致反对。

第10装甲军对这个计划最为不满。军长拉姆斯登和师长们都提出,根据这个计划作战,步兵部队很可能惨败。他们认为,英军装甲部队将无法顺利通过布雷区而到达指定地点。

很快,拉姆斯登和师长们召开了军事会议,决定不执行新的计划。这时,蒙哥马利正在海法参谋大学演讲。参谋长甘冈来到第10装甲军,想劝服拉姆斯登。

甘冈对拉姆斯登说,这是蒙哥马利的命令,必须坚决服从。然而,拉姆斯登表示拒绝服从。

第二天,蒙哥马利从海法回来,甘冈将情况向他报告。蒙哥马利生气地说:"快把拉姆斯登喊来!"

不久,拉姆斯登前来报到,蒙哥马利把他训斥了一通,接着,蒙哥马利解释了该计划的可行性,命令拉姆斯登必须服从。结果,拉姆斯登被迫接受了。

蒙哥马利认为,阿拉曼战役能否取胜,关键在于让隆美尔上当。为此,蒙哥马利进行了代号为"伯特伦"的欺骗计划。"伯特伦"计划的主要目的,就是把准备从北面发起进攻的部队藏起来,不让德军发现,相应的,需要制造从南部防线进攻的假象。

在旷野沙漠,要让拥有1000多辆坦克、1000多门大炮、几千辆机动车、几万吨给养和81个步兵营的进攻部队，通过视野广阔的沙漠，而不被德军发现，简直太不可思议了。

每样东西的伪装和暴露，都事先经过了精心的策划。蒙哥马利下令用假车伪装成坦克和其他车辆的运动。

英军在距离阿拉曼车站附近，伪装了一个巨大的物资储备场，从表面上无法识破。另外，为了让隆美尔相信威胁来自南部。9月27日，蒙哥马利下令在南部铺设了假输油管道，修筑了假油泵房、储油罐和蓄水池。

一切做得十分隐密，哪怕是最先进的德军高空侦察机和高倍望远镜，也无法察觉出真假。这时，英军的情报机构的活动十分活跃，大力支援"伯特伦"计划，故意露出一些假情报，以使隆美尔相信威胁来自南部。

10月21日，英军的一切伪装和欺骗手段都做好了，各种情况表明，隆美尔已经相信英军将从阿拉曼防线以南发起进攻。

在此以前，英军官兵们的休假和外出活动正常进行，以免露出马脚，但在21日，蒙哥马利下达命令，一切休假和外出活动都被禁止，所有离开部队的人马上回到部队做好作战准备。

英军发动粉碎性进攻

隆美尔生气地坐在指挥车上，他在给妻子露西的信中伤心地写道："谁都不能真正明白压在我肩上的这副重担有多么重，没有一张稍微大一点的牌可打。虽然这样，我仍然希望能够渡过难关。"

德意联军急需的军需物资都从德意联军所占领的港口长途跋涉运送过来——从托布鲁克大约300英里（约483千米），从班加西大约600英里

德国士兵的战地伙食

（约 966 千米），从的黎波里长达 1200 英里（约 1931 千米）。

在漫长的运输补养线上，德意联军的车队经常遭到英军的空袭。只用了 3 个月，英国潜艇和轰炸机就击毁了 20 艘德国和意大利运输船。隆美尔每个月急需 3 万吨给养，可是实际每个月只能得到 6000 吨。

使德意联军的困境雪上加霜的是，"沙漠之狐"隆美尔病了。整整一个夏季，隆美尔靠着惊人的毅力勉强地坚持着，可是，到了 1942 年 9 月 23 日，隆美尔病倒了。

隆美尔离开了阿拉曼，飞抵奥地利养病。隆美尔之所以离开前线，是因为德军情报机关人员分析，依据收集到的情报，英军在未来几周内绝对不会大举进攻阿拉曼防线。

隆美尔听信了情报人员的话，乘飞机飞走了。他在罗马进行了短暂停留，拜见了墨索里尼。隆美尔要求墨索里尼向北非的德意联军提供足够的军需物资，否则"我们就会失去北非"。

隆美尔被各种疾病所折磨，除了患有血循环障碍症和白喉症以外，他还患有慢性肠胃溃疡。

担任临时总指挥的是大腹便便的乔治·施图曼将军，施图曼患有严重的高血压。

情况对英军十分有利，但英军中却没有军官把即将展开的进攻战看做是一件容易的事情。蒙哥马利制定的作战计划的细节使所有的军官都清楚，战斗将是激烈的。

决战的时刻即将来临。蒙哥马利表面上面带微笑、平静安祥，其实却激动万分。即将展开的进攻，规模之大，在他的军事生涯中是从未遇到过的。早在10月20日，丘吉尔首相特地致信亚历山大，指出它是一场"对未来有重大影响的战役"，这场战役的成败关系到能否打败隆美尔，还会影响到盟军随后发动的"火炬"战役。如果失败了，盟国的战略计划将会被全盘打乱。这时，蒙哥马利的心中充满了必胜的信心。

战前，蒙哥马利向英军发出豪情万丈的演讲。他首先指出了英军的优势所在，说明第8集团军最后一定能获得胜利。

接着，蒙哥马利说，"这将是一场异常艰苦的战役，不要认为有了优势，德意联军就会投降，敌人是不可能投降的，激战就在眼前。"

蒙哥马利要求英军的每个将士不怕牺牲，勇往直前，不到万不得已，不准投降。"去勇敢地进攻吧！把隆美尔和他的'非洲军团'埋在沙漠，历史将会永远铭刻英军的战绩！"

蒙哥马利的声音被巨大的欢呼声湮没，官兵们被他的演讲深深感染，士气大振。

10月23日上午，蒙哥马利向战地记者们发表了演讲。蒙哥马利对胜利表现出的无比自信的姿态，使战地记者们印象深刻。下午，蒙哥马利将指挥部搬到第30军和第13军的军部附近，这样一来就方便了指挥。

隆美尔离开前线前对士兵训话

一辆格兰特式坦克被调来指挥部，以备随时使用。科宁厄姆空军中将的沙漠空军司令部也搬到这里，空军的支援至关重要。

晚上9时40分，英军发起了总攻。突然，千百门大炮朝德意联军的炮兵阵地怒吼。德意联军的前沿阵地变成了火海，地上沙尘飞舞，遮住了明亮的月光。

20分钟后，密集的英军炮火再次把德意联军的前沿阵地变成了火海。炮击过后，借着曳光弹的光亮，一队队英军士兵，排着密集的队形，像群蚁一样冲进了烟幕。

22时，英军第30军在德意联军的防线北部开始了冲锋。与此同时，英军在南部也发起了冲锋，与德军的装甲部队战在一起。

第30军第9澳大利亚师和第51苏格兰师到达雷区后，正在地雷区开辟通路。在其南面，新西兰师和南非师到达雷区，也在开辟通路。第4印度师从鲁瓦伊萨特山岭上的突出阵地向德军发动进攻，迅速插入德军阵地。

在战线的北端，1个澳大利亚旅在特勒埃萨与地中海之间发起了冲锋。英军各部队不断地向前进攻，猛攻猛打。

德意联军突然遭受炮火的重击，把代总指挥施图姆将军打傻了。施图姆怎么也想不明白，英军在北部战线怎么调集了那么多的大炮，没有任何情报显示，英军将从北部发动主攻。很快，德军第20装甲师师长向他报告，南部防线遭受英军的强大进攻，南部可能也是主攻方向。

海岸巡逻部队向他报告，英国军舰在轰炸机群的掩护下，猛烈攻击靠近地中海的第90装甲师。结果，就把施图姆弄得更不知怎么对付英军了。接着，许多通讯线路被炸断。为了搞清真实情况，他乘一辆装甲车，向第90装甲师司令部方向驶去。

遭到轰炸的德军前沿阵地

半路上，装甲车遭到英军的炮击，施图姆从车上掉了下来，心脏病发作，当场毙命。冯·托马将军继任代总指挥权。

此时，经验丰富的德军官兵已经从惊慌中冷静下来，组织起强大的火力，不断地向英军攻击。密集的炮弹落在英军工兵的排雷区，由于到处都是地雷，英军无法将部队展开，向前行进的速度迟缓了，部队的伤亡加大了。

战斗正在残酷地进行着。10月24日凌晨1时，英军突破德军的前哨阵地，到达德军的主阵地，突破口的宽度为10千米左右。

凌晨5时30分，第30军的半数官兵到达预定地点，开辟了两条通路。第30军各师和第10军的第1装甲师、第10装甲师紧紧跟上步兵部队，分别通过北通路和南通路。

由于雷区的纵深很大，英军的步兵部队和坦克在通路上遭到猛烈的炮火打击，陷入进退两境的困境。

下午，苏格兰步兵师和第1装甲师组织起更大规模的进攻，杀开一条血路穿越了雷区，新西兰师的第9装甲旅碾过米泰里亚山岭。

在南翼进攻的英军第10装甲师被德意步兵部队死死地拖住，直到25日清晨仍然不能前进。很多英军坦克仍停在米泰里亚山岭背后，被行动迟缓的步兵堵在后边，陷入狭窄通道内无法前进。

第13军在南面的进攻也遇到了强大的阻力，无法通过德军的地雷区，被迫停在德军的主阵地前。

面对严峻的战局，必须对军事部署作出调整，蒙哥马利在军事会议上宣布：

第一，作战任务不变，不过马上改变进攻方向。第30军原地坚守米泰里亚山岭，不准向西南开进。

第二，澳大利亚第9师担任主攻，向北朝海岸进攻，开辟新的进攻通道。新西兰等师返回休整。

第三，第 10 装甲军从夺取的桥头堡处，向西进攻。

第四，第 10 装甲师从新西兰师防区撤离，紧跟第 10 装甲军。

蒙哥马利的这一决定后来被证明对战役的胜利起到了关键作用。这次会议是阿拉曼战役的重要转折点。会议结束以后，利斯和拉姆斯登根据新的计划立即行动了，蒙哥马利回到指挥部，静候佳音。

莫斯黑德指挥的澳大利亚第 9 师从 25 日夜开始，对德意联军阵地发动了猛攻，向前推进了 3000 码（约 2.7 千米），在经过激烈的争夺战后，澳大利亚师于午夜时分，占领了北面的第 29 号高地。

德军的一个营全部丧生，澳大利亚师也付出了很大的代价。澳大利亚师不愧是一支劲旅，该师的一名士官，利用反坦克炮弹，一个人摧毁了德军的 5 辆坦克，第二次世界大战结束后，他因为这一惊人的战绩而到受了礼遇。

在这次战役中，英军炮兵和空军的作用不容忽视。与柯克曼准将的炮兵部队一样，科宁厄姆空军中将的空军自 23 日战役开始，就给予了有力的支援。

科宁厄姆拥有 550 架飞机，大多数是装备精良的飓风式战斗轰炸机，远远胜过德国空军。因为德军的大部分先进的飞机和优秀的飞行员，都投入苏联战场了。

结果，英国空军变成了天空的主人。英国空军在整个战场上空不断地飞行，把炸弹投向地面的德意联军，一个个德军的工事和着陆场在巨响中被炸飞。面对英国空军的大规模空袭，饱受英国陆军追击的德国和意大利官兵，只能一边阻击英军、一边慌不择路地躲避来自天空的空袭，他们真是惨透了。

25 日深夜，隆美尔从奥地利疗养地赶回阿拉曼前线，他的这次旅行是闷闷不乐的。除了身体稍微康复外，两手空空地回来了。

希特勒许诺提供的新式武器，隆美尔一件都没有得到。另外，墨索里

英军在北非使用25磅炮

尼远远不能满足德意联军最低限度的军需要求，再有，更让隆美尔伤心的是，希特勒对他已经失去了信任。在回来以前，希特勒向隆美尔解释说，他是迫于无奈才让隆美尔继续统帅德意联军的。

26日清晨，隆美尔偷偷地侦察了被英军占据的第29号高地，他集中了所有的坦克，发起反攻，将英军打回原来的出发点。德意联军向第29号高地发动了猛攻，英军拼命抵抗，战斗打得激烈异常。

夜间，一个意军营攻占了高地的东、西两面。英军仍然控制着第29号高地，成为重要的作战依托点。

很快，隆美尔投入了预备队第90装甲师，于26日夜开往南部防线。德军第21装甲师带着部分意军和炮兵增援北部防线。

隆美尔知道因为缺乏燃料，一旦英军再攻打南部，第21装甲师就不可能重新返回，德意联军将有被全歼的可能。可是，隆美尔首先必须面对的是顶住英军在北部发动的主攻，隆美尔只能这样做了。

27日下午3时，隆美尔命令装甲部队和步兵主力向第28号高地发动进攻。可是，进攻失败了，德意联军在无法隐蔽的地面上遭受英国空军的狂轰滥炸。

隆美尔生气地坐在指挥车上，他在给妻子露西的信中伤心地写道："谁都不能真正明白压在我肩上的这副重担有多么重，没有一张稍微大一点的牌可打。虽然这样，我仍然希望能够渡过难关。"

夜里，心事重重的隆美尔失眠了，白天从阵地上看到的惨状像噩梦一样折磨了他整整一夜。第二天清晨，战斗打得更加激烈。英军已经以绝对的优势扑了上来，德意联军的弹药少得可怜。

隆美尔清楚，如果战败了，德意官兵的生死只能凭命运的安排了。战败后的一切都会让人难以忍受。但他深信自己已经尽了最大的努力去阻击英军。

隆美尔在给妻子露西的信中写道："我并不怕死，如果我回不去了，我会从内心深处为你的爱情和我们的幸福向你和孩子致谢。在这短短的几周内，我和你们在一起得到了最大的幸福。我在最后的一刻会想念你们。我死后不应悲伤，应该为我而感到骄傲。几年后，曼弗雷德就长大了，愿他永远发扬家族的光荣。"

经过3天的连续进攻，英军伤亡6000人，损失了300辆坦克。这时，蒙哥马利认为必须谨慎行事，决定于10月27日和28日停止大规模军事行动。

蒙哥马利认为必须让第30军和第10军进行休整，补充兵员、装备和给养。蒙哥马利把南部战线第7装甲师调到了北部战线，准备与澳大利亚第9师一起通过海岸公路发动猛烈的进攻。第13军据守腰子岭和米泰里亚岭，新西兰师作为预备队。

隆美尔与妻子露西

28日上午8点50分，隆美尔向刚从前线召回的德军指挥官们下令说，这是一场生死存亡的战役，必须绝对执行命令。凡违抗命令者，无论职位高低，一律就地处决。隆美尔命令指挥官们记住作战计划，然后再把手中的计划书烧毁。

隆美尔认为蒙哥马利会发动大规模进攻前的试探性进攻，而进攻的主要方向将在北部。因此，隆美尔把更多的德军从南部防线调到了北部，把意军部队和战斗力弱的德军调到南部。

下午，隆美尔察看一张缴获的英军作战地图，证实了自己的判断是准确的。

但这时，德意军队已经没有足够的力量发动反攻了。

德军全线撤离阿拉曼

英军的强大攻势使德军无力抵抗。更使德军感到无奈的是，英军坦克的主力部队动入了几百辆德军从未见过的谢尔曼式坦克。谢尔曼式坦克比德军坦克厉害多了，它能在2千米以外的距离开炮，88毫米的德国高射炮无法穿透它的装甲。

1942年10月29日，德军主力已经全都部署在北部防线，南部只剩下意军和人数不多的德军防守。这样，隆美尔就可以集中使用德军了。

作为回应，蒙哥马利决心发挥英军的机动优势，并通过重新部署部队来组建一支预备队，以发动最后的猛烈进攻。

蒙哥马利命令第1装甲师撤退，重新休整。第30军也暂时撤退。蒙哥马利把还没有参加过激烈战斗的南非师和第4印度师调到右边，替换精锐的新西兰师，让新西兰重新休整。

蒙哥马利把几个精锐的师撤出战线的做法引起了英国上下的恐慌。

蒙哥马利是个优秀的指挥官，做什么事都把军事需要放在第一位，不擅长处理各种人际关系。结果，人们对蒙哥马利产生了误解，开始怀疑他的能力。

蒙哥马利的一些未经说明的军事行动使人们对他产生不良的看法，可是他缺乏这方面的直觉，并没有预见到这一点而加以防范。

蒙哥马利实在没有料到，他觉得完全正确的军事行动，竟会以完全相反的理解呈现在英国惊慌不安的上司们面前。

29日上午，亚历山大、英国驻开罗的国务部长凯西和亚历山大的参谋长麦克里里少将赶到蒙哥马利的指挥部。

战壕里的英军士兵

这时,蒙哥马利突然得知丘吉尔是多么的不安。当凯西问是否发一封电报给丘吉尔使他对这几个师的撤退有新的认识时,蒙哥马利回答说:"如果你发了那样的电报,那么你会被首相撵出政治舞台的!"

当时,蒙哥马利制定了新的进攻计划,称之为"增压"行动。这次代号为"增压"的军事行动将会超过非洲战争中人们所知道的任何一次大战。

在蒙哥马利的指挥部,他把"增压"计划向"客人"们作了详细的介绍,得到了"客人"们的信任。

回到开罗后,亚历山大立即向伦敦汇报,丘吉尔终于放心了。

凯西和亚历山大离开后不久,蒙哥马利接到了新的情报。原来,28

日夜与澳大利亚第9师交战的德军部队是德军第90装甲师,这表明隆美尔的主力部队已经调入北部战线了,同时表明隆美尔的手上已经没有强大的预备队了。

在"捷足"计划发动以前,蒙哥马利曾经说过,德军部队和意军部队是混编在一起的,若能把两军分割开来,那么由意军部队部署的阵地将不堪一击。

现在,德军和意军终于分开部署了。这为英军集中力量进攻战斗力薄弱的意军提供了千载难逢的机会。蒙哥马利是不会错过这个机会的。

蒙哥马利马上更改了"增压"计划,新的"增压"计划决定:澳大利亚第9师于10月30日夜至31日凌晨以前向北进攻,到达海岸,将隆美尔的德军部队引向北面。10月31日夜至11月1日凌晨以前,在北通路北面,以新西兰师为主攻,在第9装甲旅和2个步兵旅的配合下,向意军阵地发起总攻,打开深而长的缺口。随后,第10装甲军通过这道缺口。

蒙哥马利的作战意图是:歼灭德意联军的装甲部队;与德意联军在开阔地带进行决战,使德意联军在长期的运动中耗尽燃料。切断德意联军的补给线,打垮其补给勤务部队。将德意联军赶出前沿着陆场和机场;最后,使德意联军全线溃败。

蒙哥马利根据德意联军的新变化所作出的军事部署,使英军抓住了战场的主动权,使德军陷入困境。

30日夜,澳大利亚第9师发动了进攻。向海岸进攻时,澳大利亚第9师遭到德军的拼死抵抗,无法攻到海岸。在德意联军发起的多次反攻中,澳大利亚第9师守住了阵地,占据着公路和铁路沿线的大片阵地,大约有500名德意联军的官兵被俘。

与此同时,蒙哥马利加快了"增压"作战计划的准备工作。由于新西兰师和其他增援部队还未到达指定位置,蒙哥马利于10月31日6时30分决定把"增压"作战的进攻时间改为11月2日凌晨1时。

装备精良的新西兰师

11月2日凌晨1时，英军的300多门火炮同时炮击德意联军的主阵地，时间长达3个小时，主阵地变成了一片废墟。新西兰师在烟幕的掩护下，向意军防线发起猛攻，首先进攻的目标是第28号高地两侧的意军第200步兵团。英军装甲部队立即率领步兵部队插入阵地，向西进发。

不愧是"沙漠之狐"，隆美尔早就料到英军会向海岸进攻，他马上做了相应的调整。可是，他却没有料到英军会临时改变了作战的方向，进攻德意联军的接合部。

冯·托马的非洲军团司令部被炮弹打中，冯·托马受了伤。托马向隆美尔报告说：他的防线勉强保下来了，若英军继续进攻，将无力抵抗。

凌晨5时，隆美尔驱车来到前沿阵地，了解阵地的情况。隆美尔接到情报说，凌晨1时，英军的装甲部队和步兵部队在1千米宽的战线上越过了第 28 号高地西面的防御工事，正缓慢通过布雷区，试图开辟通道，激战仍未停止。

天稍微放亮后，隆美尔看到布雷区里有 20 辆被击毁的英军坦克。约有 100 多辆坦克排成纵队扑了上来，冲向大缺口。有 20 辆英军坦克越过了防线，这是德军防线崩溃前的预兆。

不久，英军坦克消失在德意防线的后方。英军坦克在那里肆无忌惮，疯狂地攻击德军给养部队。

德意防线终于崩溃了。

上午 11 时，隆美尔接到已经在他预料之内的报告："约有 400 辆英军坦克越过 28 号高地西南的地段，正在向西进攻，德军坦克已经没有力量展开反攻了。"

很快，炮兵的哨所向隆美尔报告说，在布雷区 J 和 K 两地的对面阵地上，集结了 500 辆英军坦克。

这时，隆美尔的心情很沉重。隆美尔在给妻子露西的信中写道："形势对我们十分不利。英军以数倍于我们的兵力蚕食着我们的阵地。这是我们末日的来临。你能够想象我现在面临什么样的处境！"

危急关头，隆美尔命令第 90 装甲师预备队参加战斗，才阻止了英军的攻势。可是，英军在已经占领的阵地上不断地增兵。

英军的第 151 步兵旅和第 152 步兵旅在第 23 装甲旅的支援下，开辟了一条 3600 米的通道。英军第 9 装甲旅紧跟了上来，以便赶在日出以前到达前方 1800 米处的阵地，为下一次进攻做准备。与此同时，英军第 10 军装甲部队快速出击，冲入突破口向纵深进攻。

很快，大批英军击垮了第 28 号高地西南面的德军第 15 装甲师。新西兰步兵师跟随强大的装甲群向西进发，歼灭了 1 个意大利团和 1 个德国装甲营，随后猛烈地攻击德军的后勤给养部队。

2 日上午，德意联军部队发起大反攻，堵住了 4 千米宽的缺口，接着

第五章　鏖战阿拉曼

德意联军防线被英军突破后，向后撤退

双方进行了一场这个战役中最壮观的坦克战。大批德意联军的坦克在大炮和反坦克炮的掩护下冲了上去，英军成群的坦克似潮水般地围了过来。英军的炮兵部队也投入了战斗。在英国轰炸机群的猛烈打击下，德意联军的坦克损失惨重。

经过2小时的激烈对战，德意联军的反攻彻底失败。战场上留下了一座座废铁堆。北部战线的危局，迫使隆美尔命令南部防线意军"艾里

"特"装甲师和炮兵部队的主力兵力增援北部防线。结果，整个防线大大缩短了。

下午，隆美尔集中全部坦克，向英军进攻部队的两侧发动反攻。由于缺乏空中支援，在英国空军的空袭下，德军损失了大部分坦克，只剩下35辆坦克了。在一天之内，德意联军就消耗了450吨弹药，而德国只将190吨弹药卸在约300英里（约483千米）以外的托布鲁克港。

11月2日，英军的轰炸机群对28号高地以西的德军剩余防线进行了7次空袭。德军第288野战医院挂有红十字的旗帜，但仍然被炸毁，共有3名德国军医丧生。隆美尔派人把俘获的英军军官带到野战医院，利用他们作为盾牌。

英军的强大攻势使德军无力抵抗。更使德军感到无奈的是，英军坦克的主力部队投入了几百辆德军从未见过的"谢尔曼"式坦克。"谢尔曼"式坦克比德军坦克厉害多了，它能在2千米以外的距离开炮，88毫米的

被英军击中的德军坦克

德国高射炮无法穿透它的装甲。

隆美尔爬上山头，察看两军交战的情况。他发现阻止英军的强大攻势是不可能的。

当天晚上，隆美尔得知英军第二线的装甲部队正在向突破口集结，准备发动更猛烈的攻击。由于已经无力抵抗了，隆美尔准备把部队带到阿拉曼以西的富凯，以免被英军歼灭。南线兵力撤回自8月底所占领的阵地，北线德军和意军第20军逐渐向西撤退。

隆美尔对军官们说："我们无法守住防线，因为整个阿拉曼北部防线已经崩溃了，包括布雷区和防御工事。我们现在已经到了退守富凯防线的最后时刻了。"

当天夜晚，冯·托马将军向隆美尔报告说："我们已经尽了最大的努力了，战线已经守住，但十分脆弱。明天能参战的坦克只剩30辆，顶多不超过35辆。预备队已经全都参战了。"

只剩35辆坦克了！隆美尔对冯·托马说："我准备边打边退，退守西线。步兵部队今天夜里开始撤退。"

德军装甲部队的任务是坚守到明天一大早，然后撤退。装甲部队必须牵制住英军，给步兵部队赢得撤退的时间。

20分钟后，隆美尔正式下达了撤退的命令。晚上9点05分，德意联军的最后一支部队接到了撤退的命令。

与此同时，隆美尔向希特勒发出了电报。隆美尔清楚希特勒不准他撤退，因此在这封电报中他并未明确提出他已经下令撤退，只是在文字中加入了令人难以觉察的暗示。

几乎同时，在英国伦敦郊外的布来得雷庄园，隆美尔的电报被放入破译机中。打字机传送出隆美尔的电报全文。专家们开始分析译文。几小时后，英国保密局头子用电话向丘吉尔等几位官员作了汇报。

隆美尔向希特勒隐瞒了部队已经撤退的真实情况后，心里非常不安，他知道希特勒迟早会知道的,那时候,他的处境将会很惨。权衡利弊,隆美尔认为还是应该向希特勒汇报实情。

11月3日早晨8点30分,德国陆军元帅凯特尔跑进希特勒的地下室,要求面见元首。凯特尔把隆美尔夜间的电报递给了希特勒。

隆美尔在发给希特勒的电报结尾处含糊不清地说:"11月2日至3日夜间,步兵师撤离了防线。"

希特勒气呼呼地不发一言。凯特尔连忙解释说,值班的军官没有注意到这句话的重要性,把电报作为日常文件了。

希特勒马上向隆美尔发报,这封电报充分地展示了他善辩的天才:

德军坦克断后牵制英军进攻

"我和全体德国人,抱着对你的指挥能力和在你指挥下的德意联军的英勇精神的坚定信念,关注着你们在埃及进行的防御战。根据德国现在面临的形势,不可否认,你们只有坚守阵地,决不能后退,要把每一个士兵都投入战斗,除此以外毫无出路。大批空中援助将于未来几天内到达南线空军总司令凯塞林处。我和墨索里尼必将尽全力增援你,以使你能继续作战。英国人的优势虽然很大,却是强弩之末了。意志的力量能战胜强敌,这在历史上已经有先例了。你可向部下说明,不成功,便成仁,没有其他出路。"

中午1点30分,英国的"超级机密"破译了希特勒的电报并立即把它转给亚历山大。接着,丘吉尔首相接到了急电:"希特勒命令北非德军死守防线!"

德意联军被迫退出埃及

如果不是蒙哥马利的护卫队由于一场小小的遭遇战而被迫停止前进的话,他很可能走进了德军后卫部队的俘虏营。这次遇险使蒙哥马利刻骨铭心,对善于防守反攻的隆美尔更加小心应付了。

面对希特勒的命令,隆美尔被迫停止撤退。尽忠职守的隆美尔不愿违背希特勒的命令。隆美尔再次部署防线,准备与英军展开激战。

凯塞林亲自来给德意联军打气。

凯塞林是应隆美尔参谋部的邀请从罗马动身的,由于某些原因,他在克里特岛停留了一夜。

凯塞林在到来以前,曾想坚决服从希特勒的命令。凯塞林对随从参谋

凯塞林巡视前线的情况

说:"苏军的经验表明,防守现有的牢固阵地是最有效的策略。"

来到埃及以后,当得知隆美尔只有22辆坦克时,凯塞林马上改变了自己的看法,对隆美尔说:"我认为你应该把元首的电报看成是呼吁,而不是不能改变的命令。"

隆美尔认真地说:"我认为元首的命令是必须服从的。"

"但也需要随机应变,"凯塞林劝道,"元首并不想让你和你的部队死在埃及。"

隆美尔伤心地说,"我知道元首已经不信任我了。"

隆美尔企图采用边打边撤的战术,因此他向凯塞林建议道:"如果元首能对自己的命令作出明确的修正就太好了。"

凯塞林劝隆美尔马上电告希特勒:"就说部队伤亡惨重,无法再守住防线。要在非洲立足的唯一机会就在于保存实力。"

凯塞林自己也答应向希特勒报告这件事。

隆美尔向希特勒报告了这些事。同时,他仍然执行希特勒死守的命令。

11月4日清晨,德军在特尔曼斯拉建立了一道脆弱的环形防线,一直到达铁路线以南约16千米处,与意军第20装甲军连在一起。南部防线由意军1个师、1个伞兵旅和第10军坚守。

上午8时,经过1个小时的炮击后,英军向德意联军发动强大的攻势,突破了特尔曼斯拉防线,俘虏了"非洲军团"军长冯·托马。

黄昏时分,意军第20装甲军向英军投降。英军第13军越过了南段意军的防线,已经推进了8千米。靠近海岸的德意联军面临被围歼的危险。与此同时,英军装甲部队到达了德军后方的开阔地带。

越来越多的德军部队被消灭了,隆美尔发现已经没有选择了。隆美尔命令部队向西撤退,以拯救出仍可以被拯救出的一切。

一天后,希特勒命令隆美尔撤退。可是已经晚了,隆美尔已经无法据守富卡防线了，只好继续向西撤退。

为了不被包围，隆美尔权衡利弊后，决定退守马特鲁。英军尾随追击。隆美尔的坦克和大炮所剩无几，给养状况严重恶化了。

11月6日，5000吨汽油运到了德军后方的班加西港，距离马特鲁1100千米。向西200多千米的托布鲁克拥有7000吨弹药，可是这中间还隔着塞卢姆和哈法亚隘口。

7日晚，隆美尔决定从马特鲁港退往西迪拜拉尼，边打边退。德军顺着海滨公路通过哈法亚隘口，冲向利比亚。一路上车辆十分拥挤，纵队长达50千米，英军轰炸机群不断轰炸。由于交通管制得好，8日晚上大多数车辆到达了利比亚。

在阿拉曼战役中，胜负已经分明，"沙漠之狐"隆美尔就快成为蒙

德意联军俘虏

哥马利的猎物了。可是，蒙哥马利却犯了错误，使狡诈的隆美尔逃了出去。

在阿拉曼进攻战的筹划中，蒙哥马利把关注的焦点放在了怎样打败隆美尔上，对于把隆美尔打败后怎么办准备不充分。因此，蒙哥马利所指挥的追击是无力的，低速的。蒙哥马利的"猎狐之网"，是一张破网。

对此，应当指出：歼灭隆美尔的最关键时刻就是11月4日。在这一天里，隆美尔几乎是无法跑掉的。但蒙哥马利却没有把握住这次机会。

蒙哥马利多次利用暴雨为自己辩护。他在写给英国朋友的一封信中写道："一场大雨救了隆美尔，当我差不多快赶到马特鲁港，就要进攻隆美尔的运输车辆时，一场大雨把沙漠变成了泥塘……"

然而，大雨给双方的军队带来了同样的困难，德军吃尽了大雨的苦头。隆美尔回忆说："当时下起了大雨，使很多道路都无法通行，迫使我们几乎完全走向海岸公路，从而使交通变得拥挤不堪。"

事实上，在下雨以前蒙哥马利早就放弃了追击的大好机会——这是因为过分谨慎，因为过分注意作战而忘记乘胜追击。如果深入沙漠展开追击，到达塞卢姆悬崖关隘那样一个更远的关隘，那就不会因天气缘故而遭到被阻击的风险了——因为在内陆沙漠难得下雨。

蒙哥马利是个十分谨慎的将领，喜欢按部就班地做事。在那些追击的日子里，保持绝对优势和后勤保障的正统观念促使他不敢采取大胆的追击行动。

在马特鲁港，蒙哥马利差点遇难。蒙哥马利与护卫人员在英军先头部队的后面前进。蒙哥马利的前面，包括蒙哥马利的继子在内的一支侦察小分队，去马特鲁港以东的海岸为作战指挥部选择驻地去了。

没想到，这支侦察小分队被德军后卫部队俘虏了。如果不是蒙哥马利的护卫队由于一场小小的遭遇战而被迫停止前进的话，他很可能走进了德军后卫部队的俘虏营。

战场上堆满了损坏的坦克和装甲车

　　这次遇险使蒙哥马利刻骨铭心，对善于防守反攻的隆美尔更加小心应付了。

　　阿拉曼战役使德意联军受到重创，隆美尔指挥德军撤出阿拉曼时，只剩下35辆坦克，意军全军覆灭。

　　德意联军共伤亡2万人，被俘3万多人。在大撤退中，又有近万人被英军俘虏。德意联军损失1000多门火炮、450辆坦克。英国第8集团军伤亡1.35万人，损失了100多门火炮，500辆坦克。

　　面对巨大的伤亡，很多英国指挥官为此而痛心疾首。在长达12天的战役中，英军第51师道格拉斯·魏姆伯莱少将看着官兵们的尸首被从战场上拖走时，忍不住大喊："再也不要了！"

　　当有人问第9装甲旅的约翰·库利尔，他的装甲旅哪去了时，库利尔伤心地指了指仅剩的 12 辆坦克，"那就是我的装甲旅。"

然而，蒙哥马利却欣喜若狂，神采飞扬。蒙哥马利身穿灰色针织毛衣，下穿卡叽布裤子，脖子上围着漂亮的围巾，对一群围着他的战地记者们说："这真是一场漂亮仗，英军取得了绝对的胜利。"

蒙哥马利引用第一次世界大战时期英国人形容德国人的下场所说的一句话："德国暴徒完蛋了！完蛋了！"

在遥远的利比亚，还有一股长长的纵队，隆美尔正在努力拯救着剩余的部队。可是，恐怕他已经很难有所作为了。随着德军的撤退，隆美尔的厄运已经来临了。

德意联军在阿拉曼的惨败，使希特勒的钳形攻势彻底失败，使德国和意大利失去了非洲战场的主动权。它表明轴心国妄图吞并北非、建立地中海帝国美梦的破灭，对北非的局势，对整个地中海战区的形势，都产生了严重影响。

阿拉曼战役是第二次世界大战非洲战场的重要转折点。

第六章
兵制地中海

墨索里尼出兵地中海

1940年6月11日凌晨5时，10架意大利飞机轰炸了马耳他岛上的修船厂和飞机场。接着，意大利飞机接连发动袭击，轰炸的规模大小不等，仅6月份就轰炸了36次。

就在北非开战如火如荼之际，地中海也不平静，它成了交战双方夺取制海权、保障海上运输线的另一战场。

地中海似一条纽带，将欧、亚、非三大洲连结在一起。

马耳他是个仅316平方公里的小岛，几乎位于地中海正中间，1798年被拿破仑军队占领，后来沦为英国殖民地。

马耳他紧邻意大利的西西里岛，距离意大利南部的港口塔兰托很近，对意大利通往北非的海上运输线构成巨大的威胁。

马耳他是大英帝国在地中海中永不沉没的航空母舰，守住马耳他，英国在中东地区的基地就有了保障。意大利人认为，马耳他是蹲在自己家门口的英国猛虎。

马耳他是个宝岛，似火车中转站一样为穿梭于直布罗陀与埃及亚历山大之间的英国舰队和商船提供补给，是守卫着英国的一条生命线：大洋洲、印度经苏伊士运河至英伦三岛的海上运输线。马耳他岛的英国皇家空军还能飞往北非支援英国地面部队作战。

第二次世界大战爆发以前，英国在马耳他就建立了海空军基地。

1940年年初，有明显的迹象表明，意大利将向英法宣战。

下半年，驻北非地中海地区的意军向英军挑起战争。英国马上向马耳他岛增派了海空军力量，这是英国首相丘吉尔纵览全局，下的一着好棋。

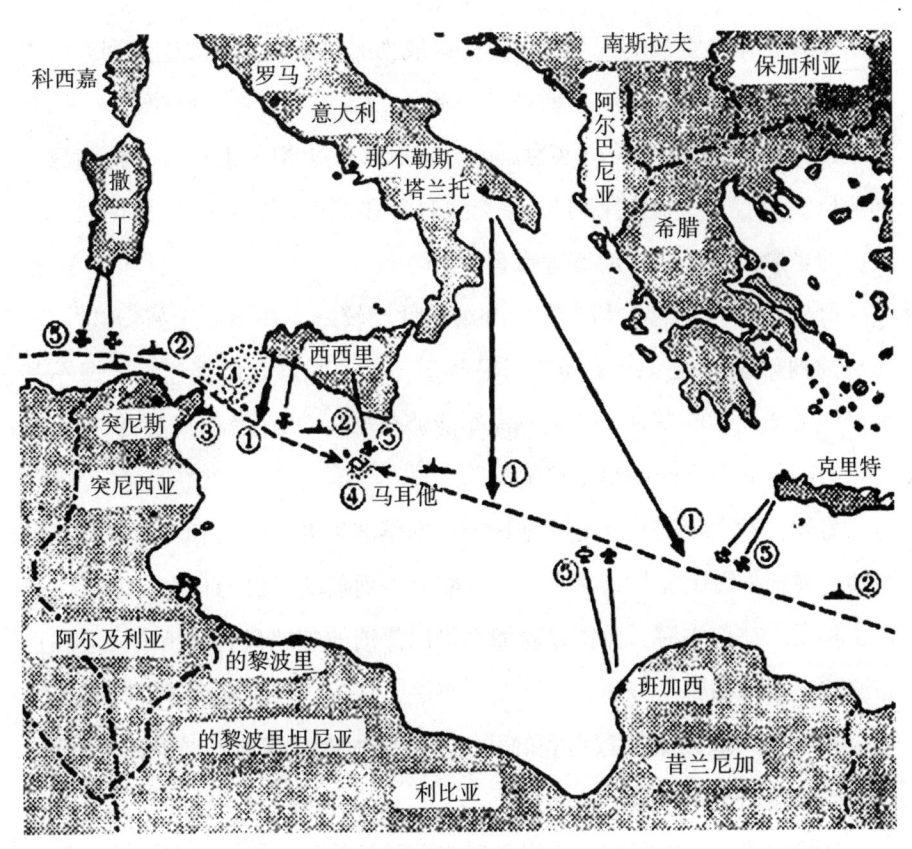

马耳他的战略位置图

  当时，驻亚历山大港海军基地的英国舰队的实力并不强大。另外，英国皇家海军在控制地中海西口的直布罗陀海军基地驻有战列舰、航空母舰和巡洋舰各1艘，还有9艘驱逐舰。

  英国在地中海地区的海军部队在数量上明显比意大利海军少。尤其是作战舰艇和护航舰艇数量更少。

  从舰艇的质量上看，双方主力舰的舰龄差不多，都是第一次世界大战以前或者战初建造的。

  英国地中海舰队的旗舰"厌战"号与意大利的2艘战列舰都经过了现代化改装。

意大利即将服役的"利托里奥"级战列舰是新舰,另2艘战列舰的改装工程接近了尾声,4艘战列舰上装备了12.5英寸(约320毫米)火炮,射程比英国战列舰上的15英寸(约380毫米)火炮的射程远,这使意大利舰队占有优势,使它便于选择交战时间和地点,拥有撤出战斗的主动权,即当撤出战斗时,能够进行有效的防御。

海战开始时,意大利海军的补给条件比较好,在锡拉丘兹、巴勒莫、布林迪西、塔兰托、那不勒斯、墨西拿、奥古斯塔等地都建立了海军基地。凭借如此多的基地,意大利海军能够夺取地中海的制海权,保护行驶于意大利与北非之间的海上运输船队。

另外,意大利海军在北非地区拥有的黎波里港口基地和托布鲁克港口基地。在地中海上作战,意大利海军能够得到陆基飞机的有力支援。

相反,在地中海,英国皇家海军可以停泊的基地只有亚历山大港和直布罗陀,两港相距十分遥远。因此,英国人认为,马耳他海军基地是英国能否在地中海地区战胜意大利的关键。由于大部分舰艇已经撤离马耳他,马耳他仅剩一个潜艇分队。

基地的防御能力很弱,难以支援水面舰艇部队。原计划向马耳他岛增运的防空武器,运到的仅有重高射炮34门、轻型高射炮8门和探照灯24座。最重要的是,计划增派的战斗机中队还没有到来。

至关重要的是马耳他海军基地距离最近的英国皇家海军港口约为1000英里(约1609千米)。意大利西西里岛距离马耳他约为60英里(约97千米)。马耳他的防御情况非常糟糕,让人担心。

许多英国人认为马耳他没有什么希望了。可是有一个人的看法却完全相反,他就是英国皇家海军地中海舰队的司令官坎宁安海军上将。

坎宁安认为,在海战开始时,意大利海军的主力只不过是两艘现代化的旧式战列舰和19艘巡洋舰。而英法海军在地中海拥有11艘战列舰、3艘航空母舰和23艘巡洋舰。而且,英法两国在地中海地区以外拥有其他

严阵以待的马耳他守军

舰队，一旦损失就能立即获得补充，因此双方之间兵力的悬殊就决定了海战的胜负。总体上，意大利的军舰总计为69万吨，而英法海军则是意大利的4倍以上。

1940年6月11日凌晨5时，10架意大利飞机轰炸了马耳他岛上的修船厂和飞机场。接着，意大利飞机接连发动袭击，轰炸的规模大小不等，仅6月份就轰炸了36次。

马耳他岛上的修船厂遭到了破坏，浮船坞被炸沉。由于意军飞机的不断空袭，坎宁安被迫从马耳他撤走潜艇部队。这时，英国陆续调来了几架战斗机，6月底，英军守岛部队已经拥有4架旋风式战斗机了。另外，舰队航空兵第767中队也到达了该岛。

英国能否实现在地中海地区的战略目标，马耳他岛将发挥关键作用。坎宁安海军上将对此深信不疑。使他感到不放心的是马耳他的防御能力十分薄弱，无法作为发动进攻的军事基地。

为了破坏意大利至北非的海上运输线，大部分作战部队将从马耳他派出。7月1日，坎宁安向英国皇家海军部请示，请求向马耳他增派更多的战斗机和侦察机。在当时的情况下，坎宁安的轻型舰艇部队不敢在马耳他基地加油，更别说在马耳他停泊了。情况虽然很糟，但后来发生的一次海上交战，使英国皇家海军士气大振。

英国早就准备派遣两支护航运输船队，把埃及亚历山大海军基地急需的援军和军用物资从马耳他转送过去，并撤走岛上多余的文职人员。执行运输任务的护航船队将遭受意大利军队的打击，英国决定发动一次海上战斗，以使护航运输船队安全通行。

7月7日，坎宁安指挥一支舰艇编队从亚历山大港口出征。这支舰编队由3艘战列舰、1艘航空母舰、5艘巡洋舰和16艘驱逐舰组成。

当时，意大利海军只有1支舰艇编队，由2艘战列舰、16艘巡洋舰

意大利"凯撒"号战列舰被英国"厌战"号战列舰击中并引起大火的一幕

和 32 艘驱逐舰组成。

7月9日下午，这两支编队在意大利南部的卡拉布里亚海岸以外约50英里（约80千米）的海面上交战。经过几个回合的较量，意大利战列舰"凯撒"号被英舰"厌战"号击中。

意大利海军施放了烟幕进行掩护，并朝墨西拿海峡方向撤退。这时，坎宁安的海军编队距离意大利海岸很近了，仅有25英里（约40千米），卡拉布里亚海岸近在眼前。英国舰队掌握了制海权。

随后，英舰不顾意大利飞机长达24小时的轮番轰炸，朝马耳他东南海面行驶。最后，"君主"号战列舰和几艘驱逐舰驶入马耳他港加油，2支护航船队起航离开了马耳他港，安全地到达埃及亚历山大港。

这次战斗证明，意大利海军并不可怕。尽管没有将意军舰船击沉，但鼓舞了人心。英国皇家海军的士气大振，压倒了意大利海军。

海空合力激战马耳他

古罗马学者西塞罗曾经说过："谁能够控制海洋，谁就能征服世界。"西塞罗所说的海洋是地中海，所指的世界是地中海地区。

由于驻非意军接连惨败，应墨索里尼的请求，希特勒决定增兵北非。1941年年初，德国非洲军抵达北非，由隆美尔指挥。德国空军第10军也调往北非地中海战场，以西西里岛为基地疯狂轰炸马耳他。

1月10日，有大批军舰护航的英国船队从直布罗陀启航，向英国在地中海的海军基地马耳他岛运送部队和飞机。

护航的舰艇中有2.3万吨级航空母舰的"光辉"号。"光辉"号是英军最新的航空母舰,有铺着钢板的飞行甲板,对意大利的补给线构成了巨大的威胁。

德国第5空军大队的指挥官汉斯·斐迪南·盖斯勒中将收到了从柏林发来的命令,要求必须将"光辉"号击沉。

12时28分,英海军丹尼斯·博伊德上尉站在距离马耳他还有100英里(约161千米)的航空母舰"光辉"号的桥楼上,正紧张地注视着天空。

不久前,航空母舰上的1支"福尔玛"战斗机编队飞往西西里方向,前去拦截2架意大利鱼雷轰炸机。在航空母舰的甲板上,另一支"福尔玛"战斗机编队的发动机引擎已经发动,7分钟后就能起飞并拦截德军飞机。

对英国"光辉"号进行轰炸的德国斯图卡式俯冲轰炸机

第六章 兵制地中海

与此同时，德军三四十架容克-88中型轰炸机和斯图卡式俯冲轰炸机从1.2万英尺的远方扑来。

6颗重达1000磅的炸弹击中了航母，一颗炸弹穿透飞行甲板在油漆库里炸响，大火冲天。一颗炸弹击中二号右舷炮，炮手当场身亡。第3颗炸弹击中了升降平台，一架飞机被炸碎。其余的3颗炸弹在航空中心爆炸，飞机库被炸成弓形。"光辉"号变成了火葬场。

"光辉"遇到了大危机：飞行甲板被摧毁，战斗机无法起飞和降落。博伊德命令"光辉"号施放墨黑的烟幕，并以21节的速度向马耳他撤退。

一路上，德意飞机又对"光辉"发动了3次空袭。晚上10时15分，"光辉"号在成千上万人的欢呼声中躲进了马耳他的帕拉托里奥码头。

但"光辉"的灾难并没有结束，德国斯图卡式俯冲轰炸机轮番对它进行轰炸。"光辉"号的吃水线以下被击穿，海水冲进锅炉房。两周后，"光辉"号在黄昏时分秘密撤离马耳他，到达亚历山大港。它在11个月内不能参加战斗了。

从此，将近两年的对马耳他的大规模轰炸开始了。马耳他成为第二次世界大战中遭到轰炸最严重的地区之一，约有1.4万吨炸弹落在这个小岛上。

4月8日，由4艘最先进的驱逐舰组成的马耳他打击舰队，在坎宁安的指挥下加强了对德意海上运输线的封锁。德意与英国对地中海制海制空权的争夺战更加激烈了。

1941年5月，德国空军第10军被调往其他战区。英国利用德国空军兵力转移的大好机会，向马耳他增派空军。

英军知道只要封锁了意大利的海上运输线，就能够在非洲战区打败德意联军。英军发挥了非常有效的飞机与潜艇的协同战术，互相引导对方从事进攻或者召唤对方去干掉自己所破坏的舰船。

英军对意大利运输船队的攻势越来越猛，意大利被迫于1940年10月动用驱逐舰来运载军队，但却无力为数量庞大的运输船队护航。

1941年6月，意大利送往北非的补给为12.5万吨。10月，意大利送往北非的补给猛减至6.1万多吨。

11月8日下午，一架英军侦察机在返回途中，侦察到由7艘商船、2艘油轮、10艘驱逐舰组成的"杜伊斯堡"船队，马上召唤马耳他舰队发动进攻。9日零时过后，马耳他舰队拦截了这支庞大的船队。

英舰用舰炮和鱼雷发动了强大的攻势，意大利商船和油船纷纷躲避。负责护航的意大利海军驱逐舰队迅速向船队驶来，当灾难发生时，它们的回援已经太晚了。

在英舰攻击商船的时候，意大利驱逐舰经常刚一露面就遭到马耳他舰队的进攻，意大利驱逐舰连忙撤退，每次都在烟幕的掩护下逃跑。

这次战斗的后果对意大利是个大灾难。7艘商船全都沉没，另有2艘驱逐舰沉没，2艘驱逐舰遭受重创。

在意大利和德国方面，正要向英军发起进攻的隆美尔在海战后的第2天感到愤怒和沮丧。向北非战场运送补给的船队被迫停了下来，原本向隆美尔增援6万人的部队，只有8000人到达。

墨索里尼对"杜伊斯堡"船队的覆灭感到悲叹不已。

11月18日，英国皇家海军在北非发起了"十字军远征"的进攻，驻守马耳他岛的英国海空军对意大利的补给线发动了更加凶猛的进攻。

意大利的海上运输几乎被完全封锁，陷入大危机之中。正在北非和英军进行冬季决战的隆美尔，由于兵力、装备、弹药、给养严重不足而被迫败退。

古罗马学者西塞罗曾经说过："谁能够控制海洋，谁就能征服世界。"西塞罗所说的海洋是地中海，所指的世界是地中海地区。

以恺撒大帝自居的墨索里尼在挑起战争时，把西塞罗的至理名言抛诸脑后。其实，战前意大利海军反复强调占领马耳他岛是对英战争的基本条

德国空军对马耳他进行轰炸

件，并且制定了攻占马耳他的计划，但被墨索里尼否定了。

北非德意联军补给问题的核心是与英军在马耳他岛的空军优势分不开的。意大利所有的麻烦都来源于马耳他，由于在战争初期没有攻占马耳他岛和突尼斯的小小错误，轴心国付出了在非洲战区惨败的代价。

北非战场的恶劣形势引起了希特勒和墨索里尼的忧虑。德国海军总司令雷德尔和德国非洲军司令隆美尔等早就要求向北非战场投入更多的兵力，占领英国的中东资源基地，再从中东进攻苏联南部。

希特勒不愿抽调苏德战场的兵力，但也不得不把德国空军第2航空队调到了意大利，任命凯塞林元帅担任南方战线总司令。

另外，德国和意大利加强了在地中海的海军力量，取得了地中海的海空军力量的优势。面对有利的形势，雷德尔对希特勒说："目前，地中海的形势明显对我们有利，可能将来再也不会出现了。许多情报表明，英国正以巨大的努力将一切可能的部队源源不断地运往北非……所以，尽快占领马耳他是最重要的事情。另外，对苏伊士运河发起的进攻，不能晚于1942年。"

雷德尔进一步建议：

"若德国和意大利不攻占马耳他岛，德国空军必须用现在的规模继续轰炸马耳他岛。只凭空袭就能阻止英军在马耳他岛重建进攻和防守的力量。"

德国和意大利两国最高统帅部宣布了攻占马耳他岛的计划：意大利海军舰队掩护登陆战，提供登陆用的船只，由"特种海军部队"训练陆海军登陆部队；德国陆海空军给予强有力的支援。

1941年12月，希特勒指示地中海战区德军，规定1942年的任务为："取得意大利南部至北非间的制空权和制海权，保证通往利比亚及其昔兰尼加省的海上运输线的安全，特别是要不惜一切代价对付马耳他……切断英军途经地中海的交通线以及英国由托布鲁克港和马耳他得到的补给线。"

第六章 兵制地中海

马耳他岛上正在防空的英军

为货船护航的英国"胜利"号航空母舰

第六章 兵制地中海

希特勒把第 2 航空队调到了西西里岛,支援意大利海军作战,加强对马耳他岛的空袭,对马耳他进行海、空封锁,压制马耳他岛。

在登陆部队积极准备的同时,德国第 2 航空队对马耳他进行长期激烈的轰炸,大规模炸毁马耳他岛的防御体系。意大利海军在德国空军的支援下切断了英国对马耳他岛的补给线。

1941 年 12 月上半月,每天轰炸马耳他岛的飞机不足 10 架,至下半月就增加到 30 架。1942 年 3 月的轰炸更加频繁,每天出动 80 架轰炸机进行俯冲轰炸。

3 月 8 日,368 架德军轰炸机投了 76 吨炸弹。频繁的轰炸使马耳他岛的机场和跑道密布着弹坑,防空工事变成了废墟,港口瘫痪了。英国马耳他分舰队撤到了北非的海军港口。

德意两国海军舰艇在空军的大力支援下对马耳他加强了封锁,阻挠英国皇家海军对马耳他岛运送补给。

1942 年 3 月 20 日,英海军巡洋舰"埃及女王"号、"尤利阿里斯"号、"狄多"号和 4 艘驱逐舰,护送 4 艘货船离开亚历山大港,准备驶往马耳他岛时,遭到德意海空军的反复攻击。

"埃及女王"号的炮塔被击毁,"尤利阿里斯"号遭到损害,多艘驱逐舰遭受重创。满载货物的 4 艘商船准备当晚到达马耳他岛,趁空袭还没有开始以前卸货,可是海战使它们到达马耳他的时间晚了 4 个小时。

德国空军第二天清晨发动空袭时,英军船队刚刚到达马耳他岛以南海域,1 艘被炸沉,1 艘遭受重创被迫搁浅。24 日、25 日,德国空军对马耳他岛发动大规模空袭,将英国驱逐舰"罗马军团"号、货船"布雷坎郡"号、"庞帕斯"号和"塔腊博特"号炸沉。2.59 万吨货物中,只有 5000 吨交到了马耳他岛的英军手中。马耳他在以后的 3 个月中,没有得到给养。

马耳他英军顽强地抗击着德军的空袭。英国皇家空军驻守马耳他,为马耳他的生存而忘我地战斗着。在最危难的时候,英军守岛部队投入的战斗机很少，但仍然坚持空战，保证很多将马耳他岛作为中途基地的飞向埃及的飞机能够起飞。当战斗机起飞作战，地勤人员为下次战斗进行地勤保障时，步兵们忙着修理被炸坏的飞机场。

马耳他岛处于危难之中，守岛英军司令多比将军非常焦虑。3月间，多比将军报告说局势危急。4月20日，多比又报告说："如果再不给我们补充供应品，尤其是粮食和装备，那么，无法想象的一步就会来临，来得会非常快……这是守岛英军生死存亡的大问题。"

丘吉尔对马耳他岛的存亡非常忧虑。马耳他岛是大英帝国在地中海地区所有希望的关键。丘吉尔命令海军部从距离马耳他岛1000千米的"鹰"号航空母舰上派出喷火式战斗机增援，每次增援16架。

4月和5月间，从美国"黄蜂"和"鹰"号航空母舰上起飞的英国126架飞机到达了马耳他岛，使守岛英军实力大增。

墨索里尼（左）赴德国向希特勒（中）请求援兵

5月9日和10日，马耳他岛英国空军多次升空，与前来袭击的德意空军展开了空战。凯塞林被迫下令放弃对马耳他岛的白天轰炸。

5月9日，"黄蜂"号航空母舰又向马耳他岛增援第二批"喷火"式飞机。

这时，马耳他岛仍处于德意海空军的封锁和空中打击下。6月中旬，英军运输船队在海空军的护送下，由东西两面向马耳他岛驶去，在德意海空军的打击下损失很大。

17艘补给船中有2艘到达马耳他岛，其他运输船和护航舰队被迫回到埃及。马耳他岛仍处在危难之中。

这时，马耳他的厄运快结束了。

早在4月29日至30日，希特勒与墨索里尼会晤，商讨北非地中海战场日后的战略目标。就在这次会晤中，希特勒做出了一项关于北非与地中海命运的大决定：推迟攻击马耳他岛。

德国南线元帅凯塞林听说后非常失望，就像快到手的猎物又逃掉一样难受。

推迟攻击马耳他岛的决定，成为轴心国在地中海地区战争中最致命的错误。从此，轴心国在地中海地区开始走下坡路了。

1942年春，轴心国尽管有远征中东的庞大计划，可是其能够依赖的是一条往返地中海靠不住的海上运输线、一些吞吐量较小的利比亚港口，和北非沿海的狭长阵地。

在1942年中，轴心国还遇到了最大的困难：在巴尔干地区，德国缺少足够的兵力从巴尔干地区发起一场联合攻势。土耳其已经不站在轴心国一边了。地中海东部的阿拉伯国家，恢复了对英国的殖民依赖，阿拉伯国家把领土提供给同盟国作为盟军预备队休整的中心。

轴心国部队占领区以西的西班牙，日益倾向于同盟国。在轴心国占领区的翼侧和后方是法属北非，轴心国对法属北非的重要性没有重视。

5月中旬，凯塞林被迫把第2航空队的主力部队调到东线。德国和意大利停止了对马耳他的攻击，解除了对马耳他的封锁。英国连忙加强马耳他岛的空、海军兵力。

同时，美国航空兵参加了地中海作战。5月底，盟军在整个地中海的很多地区都建立了空中基地，恢复了战斗力和防御力，特别是在马耳他岛。

4月19日至6月5日，航空母舰给马耳他岛提供了178架战斗机。最重要的是，调到马耳他的新型鱼雷机的作战半径更大，由1939年的100海里提高到1942年的400海里，超过了地中海的范围。

结果，德国、意大利的运输船采取最远的迂回航线都无法逃过英国飞机的进攻，甚至巴迪亚、托布鲁克和马特鲁港内的德国和意大利舰船都难逃被鱼雷机袭击的厄运。

硝烟弥漫的马耳他岛

这时，轴心国已经无法保护运输船队免受英国飞机的攻击。凯塞林被迫集中力量轰炸马耳他岛的机场。在一次轰炸中，德机投了 700 吨炸弹，炸毁了 17 架飞机。然而，德国轰炸机遭到英国战斗机的围攻，损失飞机 65 架，英军损失了 36 架战斗机。

7 月 15 日，德国轰炸机被迫采用打了就逃的战术来保存实力。

6 月中下旬，隆美尔指挥德意联军在北非取得军事胜利后，希特勒和墨索里尼犹豫不决，放弃了攻占马耳他岛的"大力神"计划。马耳他岛的英军和居民靠一股顽强的精神，禁受住无数次的攻击，渡过了最艰难的日子。

7 月初，英军统帅部把被迫撤出马耳他岛的潜艇派回，恢复进攻基地的作用。7 月 20 日，第 1 艘潜艇到达马耳他。潜艇部队的作用立即体现出来了。

8 月份，英军潜艇击沉 7 艘意大利和德国的运输船，总吨位为 4.0043 万吨。

9 月份，马耳他完全恢复了作为水面舰艇、潜艇和空军基地的作用。

意潜艇封锁直布罗陀

意舰队的炮火是猛烈而准确的，其第二发的齐射已经击中英舰队。英方陷入混乱，3 分钟后开始还击。英舰队中除"开罗"号外，还有一艘"南安普顿"级的巡洋舰被击中。

1942 年 6 月 12 日晚，从英国出发的一支船队通过直布罗陀向东航进。掩护舰队由战列舰"马来亚"号、航空母舰"鹰"号和"百眼巨人"号、巡洋舰"肯尼亚"号、"利物浦"号、"女怪"号和 8 艘驱逐舰。油船"褐色流浪汉"号在两艘护航舰保护下,在海上为小舰和快艇加油。

14日晚,意大利潜艇"乌阿斯契埃克"号和"季阿达"号找到了这支英国舰队。"乌阿斯契埃克"号于1时58分发起攻击,其中有两枚鱼雷爆炸了。"季阿达"号靠近一群正在停轮加油的英舰,于4时50分对英舰中最大的一艘发射了鱼雷,有两枚鱼雷爆炸了。

14日,英舰船在撒丁岛以南遭受意大利50架鱼雷机、61架轰炸机、81架战斗机和40架德国轰炸机的攻击。它们击沉了商船"坦宁巴"号,使巡洋舰"利物浦"号受到损害。当"利物浦"号在一艘驱逐舰的拖带下向其基地航行中,遭到26架轰炸机和8架鱼雷机的攻击,但没有受到损伤。

晚21时30分,由巡洋舰"尤金亲王"号和"蒙大库科利"号以及驱逐舰"阿斯卡里"号、"奥里昂尼"号、"普雷木达"号、"维瓦尔迪"号和"马洛切洛"号编成的意舰队第7分队,在达扎拉少将率领下从巴勒摩港出发,计划于清晨到达班泰雷利亚岛以南进入英舰船的航道。

英舰船在进入西西里海峡时并未遇到攻击,虽然他们在拉斯木斯塔法将搁浅的英舰"哈伏克"号当成意舰而进行攻击。

6月15日黎明,意舰队第7分队望见了英国船队。几分钟后即5时40分,意舰队开了火,开始了"班泰雷利亚的海战"。双方的视界,由于英方放出巨大的烟幕和弥漫着炮火的硝烟而经常搞不清楚。

意舰队的炮火是猛烈而准确的,其第二发的齐射已经击中英舰队。英方陷入混乱,3分钟后开始还击。英舰队中除"开罗"号外,还有一艘"南安普顿"级的巡洋舰被击中。

英国皇家海军发现他们冒着严重的危险,因为面对的是意巡洋舰的152毫米大炮,而英巡洋舰的大炮口径仅为102毫米。不过,英舰队的军舰为数较多,英方的补给舰、扫雷舰和巡逻快艇在以"布兰克内"号为首的驱逐舰支队的掩护下向突尼斯海岸分散。"开罗"号和5艘以驱逐舰

英国"马来亚"号战列舰

"浮浪人"号为首的支队拦在意舰群前面，以平行的航线向南驶进。

意驱逐舰"维瓦尔迪"号和"马洛切洛"号攻击英军补给诸舰。这些舰船在躲入由英方驱逐舰布下的烟幕之前，早就处在意舰的炮火之下了。至少有一艘补给舰被击中，因为意舰看见它停在水面不动了，舰上冒出高高的浓烟。

英舰"维瓦尔迪"号和"马洛切洛"号在以"布兰克内"号为首的由4艘驱逐舰组成的支队的迅速反攻。

意舰几次击中英舰。6月15日6时20分，意舰"维瓦尔迪"号的锅炉舱被击中，不能行动并发生了火灾，4艘英驱逐舰围上来并猛烈攻击。意舰"马洛切洛"号以坚决的打击使英舰付出惨重的损失。

将近7时，以"布兰克内"号为首的英驱逐舰突然掉转航向撤出战斗，当时的战况对英舰是十分有利的。

英驱逐舰要去支援"开罗"号舰群。

"维瓦尔迪"号趁机把一部机器修好,在"马洛切洛"号的护送下向班泰雷利亚岛驶去。

与此同时,双方主力舰队展开了激烈的海战。英舰以"浮浪人"号为首的5艘驱逐舰冲入4800米的距离发起鱼雷攻击。但意巡洋舰用密集的炮火迫使英舰退入烟幕中,使每艘英舰都受到严重的损伤。"浮浪人"号的上层结构被打烂,停在水面无法行动,舰上发生火灾,"松鸡"号的情况同样严重。"开罗"号被击中,没有造成太大的损害。

战斗继续着,英军"开罗"号召唤以"布兰克内"号为首的由4艘驱逐舰前来支援。意舰队驶在敌队的前面准备从西南方向绕击英舰,"开罗"号舰群于6时45分朝西北方向撤退。

6时59分,达扎拉听说了"维瓦尔迪"号和"马洛切洛"号的处境危急,立即把剩下的意军驱逐舰都派到班泰雷利亚岛支援。这样,他就只有"尤金亲王"号和"蒙太库科里"号两艘巡洋舰了。

若英舰队这时开始反攻,就很可能使意两艘巡洋舰处于狼狈的境地,可是英舰的战术仅限于防御。英舰队把活动限于烟幕所及的范围内,用雷达跟踪意巡洋舰的运动,保持自己于意舰炮火之外。意巡洋舰每次发现目标,立即开火射击。由于没有雷达,意巡洋舰不敢进入烟幕里面。

7时17分,意巡洋舰的一次齐射命中了一艘英巡洋舰。该舰立即躲入烟幕之中,不久烟幕上面和外面发生了爆炸。意侦察机发现这艘英舰爆炸后沉没了。

7时40分,英舰"开罗"号的锅炉舱被击穿,但并没有爆炸。很快,英舰"蒙太库科利"号被击中。

与此同时,德意空军对英船队发动攻击,该船队正向突尼斯海岸分散。7时10分的一次轰炸机轰炸中,英船"圣歌"号被炸沉,油船"肯塔基"号受到重创。

这时,意方侦察机已经全部被从马耳他起飞的英军战斗机击落。

第六章 兵制地中海

被炮火击中的英国巡洋舰

将近 11 时，两艘意巡洋舰驶入班泰雷利亚以南海域。没有找到英方舰船，便向西南的航向继续寻找。

1 个小时后，意巡洋舰看到远处冒着浓烟。到达现场时，意司令达扎拉发现到处都是漂浮着的舰船碎料，而燃烧中的英舰船与护送它们的舰船都在地平线上了。

达扎拉司令继续搜寻，向看得到的英舰施以射击。英"肯塔基"号船上的大火本来快灭了，由于意舰发射的几颗炮弹和 1 枚鱼雷，使它爆炸后像火葬场一样，很快沉没了。第 2 艘船被意舰的炮火击毁。第 3 艘船为避免被俘而自行爆破，它是一艘运军火的船，爆炸得十分猛烈，烟雾达几百米之高。

不久，这两艘意巡洋舰又遇到两艘英驱逐舰并对英舰开火。英舰是无法行动的"浮浪人"号和拖带它的"松鸡"号。"松鸡"号连忙丢掉"浮浪人"号,以最高速度逃跑。意舰先炮击"浮浪人"号,然后追击"松鸡"号。

不久,一架意鱼雷机击中"浮浪人"号,使它加快了沉没。半小时后,"松鸡"号躲到意舰炮的射程之外了。

下午2时25分,意舰处于英军轰炸机的空袭下而忙着防卫,"松鸡"号趁机溜走了。

下午2时40分,意舰击退空袭后,取道返航。

这次海战使英船队于深夜在意大利所布的雷区中乱成一团。英驱逐舰"库佐贾克"号和挖泥船"公正"号沉没,英驱逐舰"飞人"号、"巴德斯沃思"号、"无比"号、"天使"号以及扫雷舰"青春女神"号和补给舰"奥腊里"号遭受重创。"奥腊里"号所运载的货物被迫丢掉一部分,"特罗伊路斯"号经历了重重灾难后安全到达马耳他。

6月16日晚上,英"韦尔什曼"号、"开罗"号和4艘驱逐舰离开马耳他向直布罗陀驶去。17日上午,它们遭到56架德意飞机的袭击,但没有受到损害。沿突尼斯海岸航行的"韦尔什曼"号遭到法国岸炮的射击但没有损害。

自从1942年6月英国开往马耳他的护航船队被击溃后,英国不敢再进行护航战役。高射炮弹和航空汽油等重要物资,由快艇和潜艇运到马耳他。

守军面临的饥饿问题未能得到解决,从1942年3月至8月仅有2艘受创的补给船开到马耳他。马耳他严重缺乏面粉和弹药,若得不到及时足够的补给,英国守军将难以坚守。

于是,英国政府决心在8月中旬发动一次护航战役,派庞大的运输船队到达马耳他,代号为"基石"。英军统帅部知道,只要昔兰尼加掌握在德意手中,船队就无法由东部驶入马耳他岛。

英国"暴怒"号航空母舰驶向马耳他

英国船队需要再次集结力量从直布罗陀打开通路。为此，英国集结了一支包括现代化巡洋舰和驱逐舰在内的大型护航队，用来对付意舰队。与此同时，英国和埃及加强了马耳他岛的空军力量。

8月10日清晨，英国14艘货船由直布罗陀出发，穿过直布罗陀海峡朝马耳他方向驶去。护航舰队有，载有72架战斗机的"鹰"号、"无敌"号、"胜利"号航空母舰，第4艘"暴怒"号航空母舰载有送往马耳他的战斗机；还有2艘战列舰、7艘巡洋舰、24艘驱逐舰、8艘潜艇和20多艘小舰。这支护航力量是整个地中海海战中最强大的，可见英船队这次行动至关重要。

8月5日，意大利海军总部已经从情报部门处得知，英海军计划在西地中海展开一次更大的活动。9日至10日晚，德意进一步得知，一支庞大的英船队分成若干群正穿过直布罗陀海峡向东驶去。

根据这个重要的情报，德意两国最高统帅部马上部署兵力想拦截这次航行。因为缺乏燃油而无法出动战列舰，德意军只好派出了大批空军、21

英军高射炮兵

艘潜艇、若干巡洋舰、驱逐舰和鱼雷艇,西地中海设置了5道拦截线,企图迫使英国船队分散兵力,再由意大利巡洋舰队把它消灭。

一场激烈的西地中海海战即将开始了。

8月11日,英国船队通过了巴利阿里群岛与突尼斯之间的7艘德意潜艇组成的封锁线。航空母舰"鹰号"被德国潜艇U-73号击沉。下午,英军37架飞机从航空母舰"暴怒"号上起飞,飞往马耳他岛,"暴怒"号航空母舰开始返航。半路上,"暴怒"号航母遭到意潜艇"达加布尔"号的攻击,英国驱逐舰随即还击,击沉了"达加布尔"号。

日落时,德意飞机开始猛烈轰炸,潜艇不断攻击,但只给英国船队造成轻微的损失。

8月12日上午,英国船队通过撒丁岛以南时,德意空军发动猛攻,使"无敌"航空母舰和几艘运输船受到重创,德鱼雷攻击机击沉了1艘驱逐舰。

当晚,英舰主要舰只返航。运输船队由4艘巡洋舰和10艘驱逐舰护送,继续朝马耳他驶去。这时,除了1艘货船"杜卡利昂"号受轻度损伤外,其他均未受损。

船队到达由6艘意潜艇组成的邦角区域的封锁线时,船队遭受重创。意潜艇击沉了防空巡洋舰"开罗"号和4艘运输船,英巡洋舰"尼日利亚"号遭受重创。"开罗"号和"尼日利亚"号巡洋舰是作战护航的控制中心,它们损失后船队陷入混乱。

德意轰炸机和鱼雷机又将英巡洋舰"曼彻斯特"号、1艘油轮和2艘运输船击沉。8月13日上午,德轰炸机攻击英船队,又击沉了2艘弹药船。不久,马耳他的战斗机前来救援,剩余船只才脱离了险境。

13日晚,5艘运输船运送3.2万吨货物到达马耳他,有1艘油轮运来了守岛英军急需的航空燃油。在这次海战中,德意海军和空军击沉了英国1艘航空母舰、2艘巡洋舰和9艘运输船。德意损失了60架飞机、2艘潜艇,

2 艘巡洋舰受到重创。

虽然没有拦住英船队的运输行动，但这是意大利海空军在第二次世界大战中取得的最大一次胜利，是德意在地中海海战中的最后一次胜利。

德意海军丧失制海权

为了保障军事补给线，意大利海军被迫在突尼斯成立了指挥部，从此开始了地中海海上补给战的最后阶段。在这个阶段，德意海军丧失了地中海的制海权。

同盟国凭借强大的经济实力和雄厚的资源，很快就恢复并壮大了实力。为了夺取地中海的制海权，同盟国向地中海地区增派海空军部队。1942年秋季，同盟国从根本上扭转了地中海的战略形势，掌握了制海权。

1942年10月，英国在地中海的海军力量迅猛发展，达到了惊人的程度，其舰艇比原来增加了近1倍，多达114艘。意大利的舰艇只增加了10艘，一共才78艘，各类舰艇比半年前仅增加两三艘。这时，英国的海军占有绝对优势。

美国航空母舰进驻地中海地区，使英国能充分利用航空母舰的战斗机支援海军作战，还可为马耳他岛运送飞机。

10月11日，德、意空军再次向马耳他岛发动猛攻，妄想歼灭马耳他的空军。同盟国向马耳他不断增派战斗机，岛上的空军力量迅速强大，战斗机从5月份的23架猛增至9月份的169架。

1周后，德意空军被迫放弃了空袭。此时，德国海军的主要兵力集结在大西洋和北极圈海域，艰难地进攻同盟国庞大的护航运输船队。

在地中海,德国只有15艘潜艇。1943年1月以后,德军潜艇数量减少,德意主要依赖空军与同盟国对抗。由于德国最关注的是大西洋和东线战场,同盟国在地中海战区的空军增长速度远远超过轴心国。1943年年初,盟军飞机有3000架,轴心国只有1700多架。

由于同盟国在马耳他的海、空军战斗力的迅速强大,德意海、空军的不断衰弱,轴心国的航运损失迅速上升,10月份,损失率达到44%。运往北非德意联军的3.2万吨补给品,仅安全运到2万吨。对北非德意联军最重要的油料,运往1万吨,只有4000吨送到了北非。

北非的德意联军经常处于弹尽粮绝、油料不足的窘境,而英国第8集团军得到了足够的兵力、装备和物资补给。在双方实力悬殊的情况下,英军向德意联军发动了阿拉曼战役。阿拉曼战役开始后仅3天,10月26日,一支满载汽油和弹药的意护航船队被盟军歼灭,这对德意联军是一次沉重的打击,使隆美尔无法得到补给。

没有燃油,隆美尔不能有效利用机械化部队发动他所擅长的运动战。隆美尔被迫多次放弃进攻。

当蒙哥马利指挥英国第8集团军向西追击隆美尔的部队时,盟军又于11月8日发动了北非"火炬"登陆战役,登陆的成功对北非的德意联军构成了严重威胁。

11月13日,一支由巡洋舰和驱逐舰组成的Q舰队进驻阿尔及利亚的波尼港。

波尼港是通往比塞大和西西里海峡的据点,控制着撒丁岛以南的海域。波尼港与马耳他岛成为盟军用来对付西西里海峡的巨型钳子。在这种夹攻的态势下,德意对非洲的海上补给线几乎瘫痪。

这给负责向突尼斯德意联军运送补给的意大利海军以严重的威胁。虽然具有决定性的突尼斯战役没有打响,但是非洲的德意联军已经快因给养严重不足而丧失战斗力了。

11月11日，希特勒命令"抢在英军从阿尔及尔进入突尼斯以前进入突尼斯"。

这次，共有3个德国师和2个意大利师参加此次作战任务。为5个师的部队提供后勤补给的重担落在不堪重负的意大利海军身上。意海军被迫与英海军决一死战。

在此以前，意大利海军总部曾向其最高统帅部说明，由于盟军海军力量的迅速强大，除了对利比亚进行补给外，意大利海军无法承担任何大规模的海上援助行动了。

由于盟军登陆北非获得了成功，意海军请求放弃对的黎波里的船运补给，支援突尼斯守军。

因为，突尼斯已经对轴心国变得至关重要了：突尼斯是地中海的门户，是向非洲发动反攻的基地。但希特勒却不准利比亚的隆美尔军队向后撤退。结果，意海军被迫承担无力肩负的任务——同时向的黎波里和突尼斯提供补给。

11月12日下午，第1支意大利船队安全驶入突尼斯比塞大港。这支船队由2艘运输舰和5艘驱逐舰组成，运载1000名意军和1800吨的军火。

为了保障军事补给线，意大利海军被迫在突尼斯成立了指挥部，从此开始了地中海海上补给战的最后阶段。在这个阶段，德意海军丧失了地中海的制海权。

在盟军主力没有进入突尼斯以前，英军继续向利比亚提供补给。

11月，意海军为空运到突尼斯的5个师运送了3万吨补给，包括油料、坦克和火炮等，还运送部队1.3万多人。德意联军凭借这些援军和军火，粉碎了盟军夺取突尼斯和比塞大的军事进攻。

11月19日，一支由亚历山大港启航的英船队抵达马耳他岛。这时，德意潜艇在北非沿海活动频繁，严重地威胁同盟国的航运。

意大利驱逐舰（中）护送补给船前往的黎波里

11月10日，德潜艇击沉了同盟国的1艘运煤船和1艘驱逐舰。11日，德潜艇又击沉了4艘运输船。11月中旬以来，德国海军增调力量在海上封锁了北非的大西洋沿岸海域：在直布罗陀以西部署了25艘潜艇，主要负责切断同盟国对登陆部队的补给。德国海军在西西里岛至突尼斯海岸之间海域设置了两道平行的长120海里的水雷区。

虽然轴心国加强了封锁，对盟军的地中海航运却没有产生重大的影响。12月份，盟军在地中海只损失了16艘运输船。这时，北非的德意联军已经变成了强弩之末。

英军占领利比亚的昔兰尼加后，通向马耳他岛的海上交通畅通了，马耳他岛从围困中解脱了。英军再次增调大量兵力和给养，加强了马耳他岛的战斗力，不仅向马耳他增援了潜艇和飞机，还派驻了水面舰队。

1942年12月，3艘巡洋舰、4艘驱逐舰和12艘潜艇，开始在马耳他驻泊。除了巡洋舰和驱逐舰外，在马耳他岛还派驻了近海舰艇区舰队，由炮艇、鱼雷艇和小型舰艇组成，使马耳他的防御力和战斗力大大加强。

意海军陷入死亡航线

新的水雷防线建立后，驶往突尼斯和比塞大的意船队几乎躲开了来自盟国海军的突袭，意海军司令部为此而窃喜。盟国海军司令坎宁安海军上将想到了一条计策：在意大利水雷防线里布设新雷区，堵死意运输船队的航道。

由于隆美尔的部队撤出了利比来首都的黎波里，从意大利到利比亚的海上运输线被迫中断了。盟国的海空军集结兵力封锁意大利至突尼斯的海上运输线。

当突尼斯的双方地面部队正在激战时，盟国海空军对意大利至突尼斯的海上运输线的封锁正在加紧进行着。

1942年11月间，法属北非登陆的盟军忙着巩固阵地，在中地中海的盟国海空军将主要的兵力对付意大利至利比亚的海上运输线。11月，德意趁机向突尼斯抢运兵源和补给品。

盟军在法属北非巩固了阵地后，其海空军以海岸阵地的机场和港口为基地加强了对意大利、西西里岛和西西里海峡的空袭和封锁。

马耳他的英国海空军经常出动，袭击意大利的补给船队。

意大利旧式双翼侦察机

12月2日晚，4支意补给船队火速向突尼斯驶去。意船队满载着部队、装备和军火，由驱逐舰"福耳果雷"号、"达列科"号、"卡米契亚内拉"号、"克利奥"号和"普罗契翁内"号护航。

根据"超级机密"提供的情报，英国海空军掌握了意补给船队的航线和目的地。英国海空军立即制定了截击计划。英国皇家海军分舰队由崩内港启航，扑向意船队。马耳他岛的英国侦察机轮番飞往意船队上空，不断地跟踪和监视，把意船队的位置和航线向执行攻击任务的英国舰队报告。

晚11时左右，担任侦察任务的德军飞机发现了英国舰队，并马上向意大利海军总司令部报告。3分钟后，英国舰队下令"停止对船队照明"。

英舰队靠照明飞机投掷的远距离照明弹的引导，意船队进入英舰雷达的监视之内，不再需要照明飞机引导了。英舰怕照明飞机引起意船队的警惕，使突袭失去突然性。

零时38分，英舰队靠近意大利船队，英舰队指挥官已经看到了护航的意驱逐舰的轮廓。突然，英舰火炮一阵齐射，炮火照亮了黑暗的夜空。意船队在突然打击下陷入混乱，过了很久才在护航驱逐舰"克利奥"号和"普罗契翁内"号的护送下向东逃跑。

3艘意驱逐舰向3艘英巡洋舰、2艘驱逐舰开火，妄想拖住英舰。

英巡洋舰不断向意驱逐舰开火，英驱逐舰进攻意商船。英巡洋舰躲过了意舰发出的鱼雷，用强大的炮火还击，意舰吨位较小、火力较弱。半小时后，意驱逐舰"福耳果雷"号被击沉。再半小时后，意驱逐舰"达列科"号受重创失去了行动能力，最后被击沉。意"卡米契亚内拉"号边打边撤，逃离了战场。

当英巡洋舰和意驱逐舰战斗时，英驱逐舰像猛虎一样进攻意船队。意商船加大速度，拼命逃亡，由于载货重、航速太慢，被英舰一阵炮轰后，3艘意船受到重创，先后沉没。

逃跑的意"阿斯普罗蒙太"号商船于凌晨2时中弹，随即沉没。英舰队拦截行动取得了圆满的成功，无一受损。

同天夜里，朝班泰雷利亚岛驶去的另一支意船队被马耳他岛的英空军侦察机监视。班泰雷利亚岛位于西西里岛与突尼斯之间，建有一个海军基地。

3日下午，马耳他的英空军开始空袭意船队。晚上，在克肯纳沙洲附近，意船队被英照明飞机照亮，英鱼雷机立即进攻，把"韦耳洛切"号击中。意护航驱逐舰"卢波"号赶来相助。晚11时46分，从马耳他岛赶来的4艘英驱逐舰突然进攻"卢波"号，在激烈的海战中"卢波"号沉没了。

第六章 兵制地中海

意大利海军主力——维内托级战列舰

盟国海空军为了更有力地支援突尼斯的地面作战，用强大的力量封锁了意大利至突尼斯的海上运输线。德意两国知道这条运输线对两国存亡攸关，决定不惜一切代价冲过封锁。

意大利在西西里岛建立了海军基地，舰队从海军基地出发到达突尼斯比从意大利出发缩短一半的航程。

盟国海空军为了完全切断意大利至突尼斯的航线，从1942年11月起挥了出色的"一板斧"：出动空军空袭意大利海军基地。

盟国空军频繁出动轰炸机对西西里岛的海军基地和意大利南部港口进行疯狂轰炸，德意空军无法向各港口提供有力的空中支援。

在盟国空军的频繁轰炸下，意大利海军总司令部被迫向北撤离舰只，尤其是主力舰。

1942年11月9日，意第8巡洋舰分队从纳瓦里诺港撤到墨西拿港。

12日，战列舰"利托里奥"号和"维托里奥·万内托"号从塔兰托撤到那不勒斯港。刚完工几周、需要经过几个月训练才能执行作战任务的战列舰"罗马"号，被迫撤往那不勒斯港。

意主力舰队北撤后，盟国空军对那不勒斯港开始了集中轰炸。

1942年12月4日，盟国空军的大轰炸机群在战斗机的护送下飞临那不勒斯港，投了几万吨重磅炸弹，那不勒斯港变成了火海。

这次轰炸使意巡洋舰1艘沉没，2艘重创，炸毁了4艘驱逐舰。意第7巡洋舰分舰队在大轰炸中丧失了作战能力。意海军总司令部十分恐慌，知道让主力舰继续留在南部各港中非常危险，命令进一步向北撤退。

12月6日，意战列舰和巡洋舰由那不勒斯港撤往拉斯佩齐亚港，将第3巡洋舰分舰队由墨西拿港撤到马达累纳港。

在意大利南部的是驻守墨西拿港的第8巡洋舰分舰队。

盟军攻占阿尔及利亚机场后，1943年1月，美军第12航空队也加入了地中海作战。第12航空队高速低空轰炸的作战技能，给意海军以重创。

飞往地中海上空执行轰炸任务的盟军战机

盟军在地中海已经控制了制空权，作战飞机既能击沉海上的德意舰船，又能对港口和港湾内的舰船进行轰炸。

1943年1月，盟国空军对墨西拿港发动了8次大规模空袭，意第8巡洋舰分舰队在多次损失惨重的情况下，被迫逃到塔兰托港。

盟国空军的大规模空袭使意主力舰不断北撤，脱离了战争。从此，意大利海军只能用小型军舰替运输船队护航了。

意海军驶往突尼斯的必经之路是西西里海峡。过去，意海军为了封锁马耳他岛，在西西里海峡的东面设了一条宽阔的水雷带。

盟军在法属北非登陆以后，意大利海军在西西里海峡的西端又设了一条新的水雷区。这条新的水雷区从比塞大港东北至斯凯尔基沙洲，长80海里。

新的水雷防线建立后，驶往突尼斯和比塞大的意船队几乎躲开了来自盟国海军的突袭，意海军司令部为此而窃喜。盟国海军司令坎宁安海军上将想到了一条计策：在意大利水雷防线里布设新雷区，堵死意运输船队的航道。

英国马耳他海军分舰队发现意两道水雷防线之间的航道宽仅50海里，于是在靠近比塞大和突尼斯城一侧设了水雷区。

不断有意船只触雷沉没的情报送来，意海军才明白上当了。意大利经过两年半的海战，扫雷舰已经不多了，无法适应大面积的扫雷作业。在英海军的雷区，英空军拥有绝对制空权。意海军试过消除水雷，但损失惨重，被迫放弃了。

由于英海军投设的水雷区越来越大，在埃加迪群岛与突尼斯各海港之间的地带，仅剩一条长达40海里的"胡同"，其宽度不足1海里。

意海军护送混编成的船队通过这条无航标的海上"胡同"，再加上盟军的大规模空袭，其艰难可想而知。

1943年1月30日，邓尼茨升任德国海军总司令。邓尼茨上任时，突尼斯之战正打得火热。

1891年，邓尼茨出生在普鲁士的一个名门望族之家。

19岁的邓尼茨参加德国海军。第一次世界大战时，邓尼茨是轻型巡洋舰"布雷斯劳"号上的尉官。当时，"哥本"号和"布雷斯劳"号德舰逃出英国地中海舰队的围攻，跑到了君士坦丁堡，被迫在名义上卖给土耳其。

邓尼茨发现，英国皇家海军在战术上远远超过了德国海军。1916年，邓尼茨转入潜艇部队。不过，邓尼茨仍在驱逐舰或巡洋舰上服役。到1934年、1935年，邓尼茨晋升上校，指挥巡洋舰"艾姆登"号。

在《英德海军协定》签署以前，德国就秘密地建造了潜艇，第一支潜艇部队已经成立了。这支潜艇部队的指挥官是邓尼茨上校，后来他成为海军总部中的"首席潜艇官",主管德国潜艇部队的发展。

"二战"爆发后,邓尼茨亲自选拔和训练人员,把新战术思想灌输给他们。当每艘潜艇出海演习归来,邓尼茨总会在码头上迎接官兵们。

在白天作战时,邓尼茨对部队保持着绝对控制,从指挥部中不断发出无线电报,指挥每艘潜艇每分钟的行动。

年轻时的邓尼茨

在夜间作战时，每艘潜艇尽可能击沉更多的商船。但何时发动攻击和停止都由邓尼茨决定。对于邓尼茨精心组织的攻击，英国人基本上无法防御。

起初，大西洋海战是完全靠肉眼来进行的，胜负的关键就是谁先看见对方。在这方面，潜艇占有优势。当时已经发明了雷达，由于巡逻飞机航程的限制，最远能够到达距离机场200海里的地区，护航舰只还未装备雷达。

邓尼茨靠严密的计划和杰出的指挥来利用这种有利情况。邓尼茨的运气很好，英海军的行动计划几乎都被德国海军情报机构掌握了。

邓尼茨掌握了英海军的行动细节，他指挥的潜艇能够击中英海军却不被击中。

虽然邓尼茨是潜艇战专家，但他无法胜任海军总司令的职务。邓尼茨对于地中海海战的处理，特别是在突尼斯的撤退和盟军攻打西西里岛时，就做得不够高明。

邓尼茨认为问题的关键在于德意联军的补给，他命令所有德国和意大利的军舰向突尼斯运送补给而发动海战。这一失误导致德意部队在突尼斯向盟军投降，盟军在西西里岛成功登陆。

邓尼茨认为，德意联军在突尼斯的战斗取决于意大利海军能否从海上提供足够的补给。

邓尼茨对意海军没有提供足够的补给非常不满。邓尼茨向希特勒报告说："德海军准备对执行补给任务的意海军在人员和物资上给予支援。"

当时，希特勒正为突尼斯的补给问题而头疼，突尼斯每天都吵着要补给。希特勒立即同意了，还给墨索里尼写了一封信。

1943年3月17日，邓尼茨飞抵罗马。邓尼茨在意大利里卡尔迪海军上将的陪同下拜见了墨索里尼。

墨索里尼对于德海军支援意海军的决定表示感谢，并完全赞同。邓尼

德国海军元帅邓尼茨

茨与里卡尔迪等意海军高级军官进行了会谈。意海军怀疑德海军想控制他们，军官们对邓尼茨的指手划脚十分反感。

邓尼茨遭到意海军军官们的冷遇后，极力使里卡尔迪及其部下们相信：德海军是为了共同的利益才主动提供援助的。

最后，双方达成了协议：由一个德国参谋部进驻意大利海军总司令部，德国参谋部由对指挥护航运输队很有经验的将军领导。为了掩护运输船队，由德国海军提供防空武器，意海军将6艘法国鱼雷艇送给德海军执行掩护任务。

3月18日，邓尼茨向希特勒报告说，对确保海上补给线的安全来说急需空军的支援，只靠海军无法抵御盟军的空袭。

斯大林格勒会战失败后，希特勒正集中兵力准备夺回苏德战场的主动权，已经没有空军可以支援意大利。当邓尼茨回到柏林时，希特勒向邓尼茨解释说："为了抵御敌人的空袭，可以由海军采取低空防御措施。"

邓尼茨感到非常失望，没有空军的支援，德意海军是无法对付地中海盟军的轰炸的。

邓尼茨派卢格中将担任驻意海军总司令部的德国参谋部参谋长。卢格曾任德军驻法国北部和西部海岸地带保安司令，在指挥护航运输队方面经验丰富。

邓尼茨将卢格派往意大利，希望他能对笨拙的意海军提供指导和在德国对护航运输队进行护航方面取得战绩。

卢格来到意大利后，发现意大利至突尼斯的海上运输线是世界上最危险的"死亡之线"。在这条航线上，卢格还不如意海军同行懂得多。

卢格在罗马服役了不足两个月，当时意运输船照样被盟军的轰炸机炸沉，盟军完全掌握着制空权。

卢格报告说，意海军总司令部已经竭尽全力了，地中海的补给条件比法国北部和西部海岸诸水域差得太多了。最后，卢格说，西西里海峡是座"咆哮着的熔炉！"

后来，意舰船改道向邦角—埃加迪群岛雷区以东航行。这条航道宽度不超过3海里，在某些区段，连半海里都不足。在盟国海空军没有对这条航道实行联合封锁前，意舰船宁愿走这里。

1943年2月，盟军加强了对这条航道的封锁，这条航道也变成了"死亡航线"。

意大利海军走向毁灭

为了向陷入饥饿和弹药、装备不济的德意联军提供补给,意海军被迫一次次地驶入"死亡航线",付出了巨大的代价。

1942年2月底,隆美尔向德军最高统帅部报告:要继续在突尼斯作战,每月的补给需要14万吨。希特勒立即答应并向墨索里尼施加压力,但也无济于事。

打仗离不开后勤。军事家们把后勤比作军队的尾巴。后勤补给线越长,尾巴就越长,产生的阻力就越大。完全机械化、装备高度技术化的装甲部队同时也是一支非常脆弱的部队。

1942年6月,进驻阿拉曼、准备进攻亚历山大的隆美尔变成了长尾"狐",被长长的尾巴所困扰。意大利要将补给送到阿拉曼,必须渡过1000多千米的地中海到达主要基地班加西港,再穿越1000多千米的沙漠。这条海陆运输线经常遭受英国海空军的攻击。

意大利海军担负海上运输任务,但意大利海军燃油严重短缺。意大利的燃油由德国提供,有很多原因造成了意大利的燃油短缺。例如,由于德苏前线需要大量燃油;德国油井遭到了轰炸;德国军部需要燃油;从罗马尼亚至意大利长途铁路运输所受到的盟国空军的袭击;运油卡车不足,等等。

德国对意大利的要求,总是打七折,再加上上述原因的影响,使运到意大利的油量仅为五折。

由于燃油短缺,意大利海军被迫限制海军活动。

1942年第二季度,德国向意大利提供15万吨燃油,比前一季度运的

正在飞向苏伊士港的德国战机

多,但第二季度意大利消耗了18万吨燃油。

1942年夏季,隆美尔的德意联军进驻阿拉曼。与此同时,意海军正准备向埃及苏伊士运河发起进攻,却为了向隆美尔的部队提供燃油,被迫从意海军战列舰和巡洋舰上将燃油吸出来供船队使用。

这就是意海军在那些日子的危险处境,将主力舰的燃油抽送给隆美尔的装甲部队。

为了缩短海上运输线,意海军曾经计划从爱琴海航线运送补给品到达利比亚的昔兰尼加,这需要意海军主力移师爱琴海。由于燃油缺短,意海军主力无法移师爱琴海,被迫停在港内。

由于德国最高统帅部对于意大利每次增加燃油补给的申请一概不同

意，所以意海军东移一事未能实施。德国最高统帅部低估了海军在战争中的作用，特别是忽视地中海地区在总战略上的重大意义。

在北非，隆美尔的部队汽车数量严重不足，这是该部队的薄弱环节。另外，补给品在到达前线以前的陆上运输中所遭遇的重重困难与越来越大的损失，并不比海运少。

仅以燃油为例，运到班加西港的燃油，用汽车运向前线时，沙漠公路使汽车的耗油量猛增。这使得隆美尔的补给状况更加紧张。

与轴心国的情况不同，英国为非洲盟军提供尽可能多的物资、部队和补给品。英国拥有雄厚的经济基础，尽管马耳他岛曾经遭受严重的封锁和轰炸，地中海也曾被德意海空军切断，但英国环绕非洲的补给线完全不受德意海空军的干扰。

德意的盟友日本海军在印度洋的实力不足，无法打击从美国途经马六甲海峡到达北非中东的补给线和从英国途经好望角到达北非中东的补给线。来自美国和英国的补给不断地取道印度洋到达苏伊士运河。

另外，英军的生活补给品可以由埃及、伊拉克等国提供。在运输上，德意明显处于劣势。例如，1942年8月，英国向中东提供了50万吨物资，与此同时轴心国总共提供了1.3万吨。

隆美尔把补给品严重不足的责任推给意大利："最大的困难是补给。地中海船只的调遣权掌握在意大利人手中。"

隆美尔对意大利在补给方面偏袒意军非常恼火。例如，意军皮斯托亚师，预定1942年9月中旬到达北非，将留守利比亚而不是开往阿拉曼，但在8月初皮斯托亚师竟有2/3的部队和400辆装备运过海来。与此同时，德国第164步兵师的车辆只运来了60辆，而第164步兵师正在前线苦战。

阿拉曼战役失败后，隆美尔想退回利比亚边境，在德国遭到了一致的反对，意大利的反对更加激烈。

希特勒和墨索里尼仍然相信，只要增援部队运到，他们就能占领埃及

马耳他港口一角

首都开罗。希特勒与墨索里尼达成了一项协议,把准备攻打马耳他岛的部队调到了埃及。这样,占领马耳他的机会就白白放弃了,后来,意大利所有的麻烦都来源于马耳他岛。

1942年7月,隆美尔得到5400名新兵和第164步兵师的两个先头团。1.3万兵新兵空运到北非,更多的部队以平均每天1000人的数量到达。

8月初,德军第1伞兵旅向隆美尔报告,意大利一流的部队弗尔格尔伞兵师也向隆美尔报告。当弗尔格尔伞兵师的官兵向隆美尔敬礼时,其军事素质使隆美尔感到震惊。

然而,阿拉曼前线的制空权却掌握在英军手中。

8月中旬左右,意大利最高统帅部发现英军的实力不断增长,要求隆美尔立即发动进攻。8月17日,意大利最高统帅部规定的作战目标为:首先击败尼罗河三角洲以西的英军,占领亚历山大港。以亚历山大港为基地向开罗和苏伊士运河进攻。

隆美尔也知道,若对峙下去,英军的优势会更大。由于德意最高统帅

第六章 兵制地中海

部都不准撤退，那只能通过进攻来解决问题了。隆美尔最担心的是补给问题，意大利总参谋长卡瓦利诺向隆美尔保证：意海军将保证把物资运到班加西港。凯塞林向隆美尔保证，德国空军会向隆美尔空运燃油。

8月19日，军医霍尔斯特的诊断说："隆美尔正承受着低血压的痛苦，还有昏眩的趋势。这是由于长期的胃病和肠功能紊乱造成的，加上体力和脑力的长期疲劳，特别是沙漠气候使病情加重了。康复的唯一希望是在德国疗养很长一段时间。在非洲可以暂时治疗，但无法根除。"

8月21日，隆美尔将诊断结果报告柏林，推荐德国海因兹·古德里安将军接替自己。8月24日，德国最高统帅部回电说："古德里安无法接替，因为他的健康状况更不能适应沙漠气候。"事实上，敢于直言的古德里安已经失去了希特勒的信任。

迫于无奈，隆美尔拖着病体指挥即将发起的进攻。

阿拉曼战役是一场决定性战役。如果德意联军突破英军在埃及的最后一道防线，就能够直抵开罗。可是，希特勒和墨索里尼被暂时的胜利冲昏了头脑，放弃攻打马耳他的计划，酿成了大错。

马耳他岛的存在，对德国和意大利的非洲补给线构成了严重威胁。希特勒把兵力集中苏联战场，不愿向北非派遣重兵，造成北非德意联军明显处于劣势。

面对过于强大的英军，隆美尔被迫打了一场阵地战。隆美尔布设了大面积的雷区，在战役初期成功地迟缓了英军的攻势。后来，隆美尔由于补给严重不足，装甲部队丧失了机动能力，最后被英军击溃。

希特勒和墨索里尼吞并北非的梦想破灭了。

1942年12月，意海军和船队不惜一切代价，向北非德意联军提供补给，运载的货物总吨位达到21.2万吨。然而，至少有6.8万吨被击沉，1.5万吨损坏。

经过1942年12月2日的海战后，意海军不再用运兵船运送部队了，那等于让部队葬身鱼腹。意海军改用护航驱逐舰，但每艘护航驱逐舰只能航渡300名官兵，护航驱逐舰的数量又少得可怜。

由于整个北非海岸都掌握在盟军手中，盟国舰船在地中海畅通无阻。而德国潜艇在地中海的数量少得可怜，无力发动大规模的攻击，只能秘密偷袭，对敌军舰船的威胁太小了。德国空军只是偷袭盟国海军，攻击地中海的盟国船只。

1942年12月，1943年1月、2月，意海军运到突尼斯的补给品分别为5.8万多吨、6.9万多吨和5.9万多吨，损失率为23%。与此同时，意海军还把4.2万名德意官兵运到了突尼斯。

1943年3、4月间，盟国空军的空袭频繁，盟国海军进一步加强了封锁。两个月内，意大利运送突尼斯的补给品损失率高达41.5%。3月成功抵达的补给品仅为4.3万多吨，4月份成功抵达的补给品为2.9万多吨。5月上旬，意大利运出的3728吨补给品中，竟损失了77%。

1943年3、4月间，意大利运送部队的损失率高达12%，只有1万多人到达突尼斯。

1943年第1季度，船队护航的驱逐舰每天从不超过10艘，2月末时曾减为每天5艘。

第2季度，驱逐舰干脆留在西西里海峡，很少离开。

每艘护航驱逐舰每月出勤平均达28天，连进港时，都遭受盟军飞机的轰炸，海员们天天疲于奔命，不被炸死也被累死。

为了向突尼斯运送兵员和给养，意大利海军将登陆舰、大小鱼雷快艇都用作护航。这样一来意海军的所有舰艇都用于护航了。

由于补给舰船经常沉没，建造赶不上损失，意大利被迫把机帆船和渔船征来应急。意商船的海员们知道此去凶多吉少，总是千方百计地逃跑。

为了向陷入饥饿和弹药、装备不济的德意联军提供补给，意海军被迫一次次地驶入"死亡航线"，付出了巨大的代价。

第六章 兵制地中海

盟军物资抵达港口

意海军在北非最后6个月的护航运输中，从港口派出119支船队，另有578支船队是由小型船只运输的。

当时，盟国海空军对意船队进行了64次潜艇攻击和164次轰炸，对意大利和突尼斯各港口发动了73次空袭。

在盟国海空军的联合攻击，意大利损失了各型舰船243艘，包括151艘500吨以上的商船。

盟军海军和空军在紧密配合，使意舰和运输船有35％无法到达突尼斯。

1942年11月8日至1943年5月8日，盟军往返于地中海的大量舰船，损失率不足2.25％。

不断起飞的盟军战机对意大利运输船进行轰炸

可见，现代战争是陆海空三位一体的联合作战，陆上作战的胜利离不开制海权，制海权离不开制空权。在地中海海战中，意大利海军属于中量级的拳击选手，而英国皇家海军是重量级的拳击选手。

意海军没有空中侦察和雷达，没有有力的空中支援，燃油严重短缺。现代战争离不开雄厚的经济实力，耗资巨大的海空军建设更与经济发展水平密切相关。

向突尼斯运送补给的任务成为压在意海军身上的一座大山。意大利失去了制海权和制空权，主力舰只脱离了战争，又被迫用护航驱逐舰运兵，护航的重任只能让驱逐舰代替。

这时，驻守突尼斯的德意军只能利用有限的补给和有利的冬季雨天，暂时减缓盟军的推进。

利比亚的隆美尔的部队已经弹尽粮绝了。隆美尔的部队每月最少需要8万吨的补给，可在12月仅得到2.4万吨，最后被迫撤离的黎波里，于1943年2月中旬逃到突尼斯马雷斯防线，坚守着突尼斯的门户。

3月，盟军发动了攻势，决定首先摧毁马雷斯防线。与此同时，盟军海空军再次联合作战，痛击意补给舰船和德意联军后方运输线。

盟军装备了大量的美式轰炸机，能够在白天对西西里岛、意大利和地中海地域的运输船只装载点和护航舰船编组进行大规模轰炸。

在一次轰炸中，22架美式飞机把西西里巴勒莫港的4艘商船击沉。4月10日，美国轰炸机向驻守在撒丁岛拉马达累纳港的意最后2艘重型巡洋舰发动突然袭击，击沉了"的里雅斯特"号巡洋舰，摧毁了"戈里齐亚"号。

后来，德意联军司令阿尼姆上将再次向希特勒报告弹尽粮绝的困境。南线的凯塞林元帅建议撤出突尼斯，把部队撤回本土，可是希特勒没有同意。这样，轴心国的陆海空军将继续在非洲垂死挣扎。

4月，被盟军空军击沉击伤的意补给船高达60%。4月30日，3艘意大利驱逐舰运送部队 900 人，也被击沉。

结果，在美国战斗机的围追堵截下，德意的空运也被迫停止。

德意海军于 5 月 3 日夜晚派出 1 艘 8000 吨的商船，满载着弹药、炸弹和地雷，在 1 艘鱼雷艇的护航下向突尼斯进发。

结果，意商船和鱼雷艇在邦角附近被 3 艘英国驱逐舰击沉。无法得到补给的突尼斯德意联军，情况十分危急。

5 月 7 日，盟军攻占了德意联军在北非的最后两个海港——突尼斯港和比塞大港。德意联军逃到突尼斯北部的邦角，向上级报告无力再接受船运补给。

希特勒下令派船增援。当天晚上，3 艘德国运输船向邦角驶去，通过西西里海峡后却找不到能够靠岸的港口，被盟军飞机炸成了碎片。

在突尼斯之战的最后阶段，盟军统帅部认为德意联军会通过海路或者空运从邦角逃走。盟国海空军计划对突尼斯海岸的封锁，准备把德意联军歼灭在非洲大陆上。

隆美尔与下属交谈补给事宜

为此，盟国地中海护航运输船队停止驶向马耳他岛，集中海军力量封锁突尼斯。在突尼斯海岸，盟军进行了第一次严密封锁，参加封锁的驱逐舰、鱼雷艇和小型舰艇在邦角海岸呈半圆形展开。

盟军炮舰向邦角半岛的德意联军开火，牵制向实施封锁的舰艇射击的德意炮兵部队。盟军的轰炸机和战斗机支援和掩护舰艇，歼灭了德意联军的飞机，使德意联军无法乘运输机逃走。

除几百人乘小型舰艇逃往西西里岛外，5月13日，近30万人的德意联军向盟军投降。就这样，盟军的海上作战促成了非洲战争的结束。

第七章
德军千里大溃逃

隆美尔又添新对手

艾森豪威尔于8月29日决定由英国人担任主攻,减少配给第3集团军的汽油,一度停止供应。巴顿的"必胜计划"就这样成了泡影,将领们都随着巴顿的激动而颤抖。

1942年11月,是德国多灾多难的一个月:隆美尔从阿拉曼败退,英美部队西北非登陆,德军在斯大林格勒城下被围。

当马特鲁港的德军被蒙哥马利指挥第8集团军肃清时,1942年11月8日,传来了蒙哥马利跂首以待的喜讯——"火炬"战役开始了。

早在7月,英美首脑就已决定实施进攻北非的"火炬"计划,并任命艾森豪威尔为"火炬"行动的盟国远征军总司令。

为执行"火炬"计划,盟军动用了13个师,300艘战舰和370艘运输舰,编成东部、中部、西部3个特混舰队。

东部特混舰队,由英国皇家海军载运英军2.3万人、美军1万人组成,从英国出发,前往阿尔及尔;中部特混舰队,在英国皇家海军的护送下,从英国运送3.9万名美军部队攻占奥兰;西部特混舰队,直接从美国本土运送3.5万美军,攻占卡萨布兰卡。

中部特遣队和东部特遣队分别由美军弗雷登道尔少将和赖德少将指挥,西部特遣队由美军巴顿少将指挥。

这时候,在北非战场,继隆美尔、蒙哥马利之后,又一位战争天才登场了。他就是小乔治·史密斯·巴顿。

巴顿,生于1885年,在加利福尼亚州的圣加夫列尔镇附近的母亲的农场长大,他的步枪和手枪打得很准。

第七章 德军千里大溃逃

巴顿（右）与蒙哥马利

巴顿在弗吉尼亚军事学院学习1年，通过考试后成为西点学校1908级学员。那时，马术和剑术是必备的军事技术，他刷新了几项学校比赛的纪录。

1909年，巴顿从西点军校毕业，军衔为少尉。由于继承遗产和婚姻而拥有几百万家产的巴顿受到人们的欢迎。巴顿对1912年国际奥林匹克竞赛项目中的五项全能比赛很感兴趣，到斯德哥尔摩去参赛。

当巴顿完成300米游泳到达终点时，大会工作人员用船钩把他从池中打捞上来。在4000米越野赛中，他晕倒在终点线上。他获得第五名，是美国参赛军官中表现最好的。

回国途中，巴顿设计了一种马刀，被骑兵部队所采用。巴顿被命名为陆军的第一位剑术大师。

1916年，巴顿深入墨西哥境内追击墨西哥人维拉，把他击毙。潘兴将军立即把他选作副官。不久，潘兴将军成为美国远征军的首领。1917年4月17日，巴顿随潘兴到达法国。11月9日，巴顿投身于坦克部队，他先赴英国博文顿坦克学校和法国夏普勒坦克学校学习。1918年7月，巴顿组建了6个坦克连。

1918年9月12日，圣米耶尔战役打响，巴顿指挥第5军坦克进攻。在向庞奈城进攻时，巴顿驾驶着一辆坦克攻进城，向贝内城方向驶去。他认为坦克太慢，跳下坦克步行。他发现孤身陷入德军兴登堡防线内，他冒着敌人的枪弹爬回阵地。当他遇到后边的坦克时，率领5辆坦克攻进贝内城，走到农萨尔城。他两天没有睡觉了，只吃了几块发霉的饼干。当他发现农萨尔的25辆坦克耗尽汽油时，立即寻找燃料。他在泥潭里和黑暗中走到赛谢普雷，跳上摩托车到坦克部队司令部报告。

第二天，德军快速撤退，美军行动迟缓。巴顿率部进行猛烈地追击，取得了对兴登堡防线进攻的重要胜利。

在萨尔贡战役中，他率少数坦克深入敌军。他被炮弹掀倒在弹坑里，住进了医院。11月，他从医院逃出，但11月11日已停战了。

美国人民反战情绪高涨，军费大幅度缩减，装甲部队最不受重视，巴顿被迫自费从事坦克的技术研究工作。1920年夏天他被迫回到骑兵部队。

1938年7月1日，巴顿赴克拉克堡指挥第5骑兵团，凡是派到克拉克堡的军官通常不久会光荣退休。1938年10月16日，马歇尔升任美军副参谋长，被调到迈尔堡，因为他是美军的第一个坦克手。1940年6月，德国人出动机械化和摩托化部队摧毁了法国人的抵抗。7月10日，马歇尔批准组建一支装甲部队，把巴顿调到本宁堡。

在一次会议上，巴顿解说装甲师的指挥员需要"勇敢和机智"的问题。会后，军官们广泛地议论着他的发言，记者们大肆渲染此事，巴顿早

第七章 德军千里大溃逃

巴顿亲自指导坦克驾驶员训练

年的传奇经历再次成为美国人的热门话题。巴顿的"勇敢和机智"被记者们改成"赤胆和铁心",成了巴顿的绰号。

巴顿为了修整旧坦克,经常自己掏钱。他管理的 325 辆坦克中的大多数年久失修。他至死都不肯说出为此花了多少钱。巴顿对坦克手们说,你们必须要杀死敌人,否则敌人就杀死你们,要扎透敌人的肚皮。巴顿的士兵们进行繁重的训练,在 2 月的检阅中,坦克手们以完美的队列通过检阅台。巴顿的坦克手们在田纳西、路易斯安那和卡多来纳参加大规模的演习,是全军最出色的坦克手。

1942 年 7 月 30 日,马歇尔将军决定把"火炬"战役,即北非登陆战役中美军的主要指挥权交给巴顿。事后,北非登陆战役被认为是二战的重大转折点之一。当时,巴顿负责指挥西线特遣部队,是任务最重的

成功登陆西西里岛的盟军官兵

第七章　德军千里大溃逃

一支部队。

巴顿于1943年4月15日上午被调离第2军，研究"赫斯基"战役的计划工作。巴顿接受了"赫斯基8号"计划，即第7集团军在西西里岛登陆，攻占巴勒莫港，在墨西拿与蒙哥马利的第8军会师。

蒙哥马利提出应以英军为主力的计划，得到了盟军指挥部的批准。巴顿负责在杰拉东西两侧的滩头地带登陆，这个任务风险很大。

7月6日，巴顿乘蒙罗维亚号率第7集团军出击。9日晚10时30分，巴顿发表演说："我荣幸地奉命指挥美国第7集团军，它是午夜投入战斗、天亮前将接受战斗洗礼的历史上第一个集团军。"凌晨2时45分，西西里战役打响了。

意大利老将古卓尼率部抵抗，康拉特的100辆中型和重型坦克距美步兵第1师只有1英里。11日清晨，戈林的德军装甲兵部队进逼杰拉，美步兵第1师陷入重围。上午9时，巴顿登陆，指挥战斗9个小时，把滩头阵地守住了。

蒙哥马利的第8集团军在东线被挡住，亚历山大于7月17日接受了巴顿的建议。巴顿把第3师、第82空降师和第2装甲师组成临时军，由凯斯将军率领，于7月19日向巴勒莫进攻。22日，占领巴勒莫。

8月1日，进攻墨西拿的美军在特洛伊纳停滞不前，几乎每个师都遭到重创，德意军队反攻巴勒莫。8月2日，美军的进攻都失败了。

在争夺墨西拿的日子里，巴顿难以控制情绪。在医院视察时，巴顿无法容忍假装负伤的士兵，骂他们是"狗杂种"，还打了他们。11月21日，此事引起美国民众的不满，艾森豪威尔、马歇尔和史汀生极力保护巴顿，巴顿被降职，以监督人员的身份赴欧洲指挥。

1944年1月16日，巴顿到达伦敦，参与指挥"霸王"登陆战役。当第8军在阿弗朗什受阻时，巴顿擅自下达了命令。第8军的两个装甲师快速强攻，使敌军溃不成军。巴顿于7月30日率第4装甲师占领塞厄河上的两座桥。7月31日下午德军放弃了阿弗朗什。

8月1日，巴顿升任第3集团军司令。他派格罗将军避开德军抵抗，潜入布雷斯特。布雷德利和米德尔顿下令停止进发。8月7日，德军加强了布雷斯特的防御，美军死伤万余人。9月18日，该城的德军投降。

8月8日，巴顿命令第15军向北迂回，遭到布雷德利的反对，但指挥官们按照巴顿的暗示命令作战，与加拿大集团军会师，歼灭了德军。

巴顿指挥第3集团军采取游击战术，疯狂推进3400英里（约5472千米），深入德军腹地，距巴黎郊区仅35英里（约56千米）。但是，各国不希望解放巴黎的任务由美军完成。法国最高司令长官埃尔·约瑟夫·柯尼希绕道前来向巴顿致敬，英国广播公司也把巴黎的解放归功于第3集团军。法国第2装甲师进入巴黎时，宣称是属于巴顿的第3集团军。

8月21日，他作出在10天之内突破无人防守的西壁防线直捣德国心脏地区，将在1944年夏天结束战役的"必胜计划"。他估计德国人不会让西壁继续处于无人防守的状态。

艾森豪威尔于8月29日决定由英国人担任主攻，减少配给第3集团军的汽油，一度停止供应。巴顿的"必胜计划"就这样成了泡影，将领们都随着巴顿的激动而颤抖。巴顿命令第3集团军夺取运油卡车，占领盟军油库，冒充第1集团军加油。

当巴顿得知德军向西壁防线快速推进时，下令全速前进。8月31日，第5师和第7师越过默兹河，因汽油耗尽而瘫痪。9月4日上午，第3集团军得到一半的供应物资。第12军占领南希。德军成功地构筑了西壁防线，巴顿的"必胜"计划彻底失败。他说如果他拥有足够的汽油，第3集团军能突破西壁防线，使战争在1944年结束。

巴顿于29日下令攻占德里安堡垒，占领梅斯。德里安堡垒是德军最坚固的工事。10月3日，气候条件恶劣，取消了空军轰炸。第一次进攻持续到傍晚。第二天拂晓，美军疲惫不堪，巴顿下令"第20军战斗到最

第七章 德军千里大溃逃

装备M4谢尔曼坦克的美军装甲部队

后一个人!"10月9日,巴顿派特遣部队营救美军。10月13日夜间,美军撤出德里安。

11月8日,第20军包围了梅斯,第12军在萨尔的对岸建立阵地。德军放弃马奇诺防线,撤回西壁防御工事。11月18日,美军占领梅斯。12月6日,圣康坦堡垒投降。7日,普拉帕维尔堡垒投降。8日,德里安堡垒投降。13日,美军占领圣女贞德堡垒。

德军于12月17日展开阿登进攻战。12月18日,巴顿率正在作战的3个师经过100多英里(约161千米)的强行军到达指定地点。巴顿要求立即进攻,艾森豪威尔说:"别胡闹,乔治(巴顿)!"

12月19日,巴顿率军向巴斯托尼进攻,巴斯托尼是德军防御核心。26日凌晨巴顿的部队攻下巴斯托尼。29日,巴顿的部队率先向赫法利进军。1945年1月29日，此次战役以盟军胜利而结束。

　　接下来是艾弗尔战役，是巴顿不顾上级的命令发起的。2月6日，第7军向基尔河进攻，第20军消灭了萨尔河与摩泽尔河之间的德军。3月1日，占领特里尔。3月12日，第8军消灭了莱茵河以西地区的德军，战役结束。

　　法尔茨战役打响后，德军在美因茨和曼海姆西面设防，第3集团军的装甲部队越过了防线。德军两个集团军大部被歼，8万多人被俘。3月21日，第3集团军把德军赶过莱茵河，战役结束。

　　3月22日，巴顿得知部队已与第7集团军会师，完成了对德军的包围，便擅自指挥部队作战。第3集团军在没有空军支援，没有炮火准备的情况下，于22日晚向美因茨挺进。3月25日，占领美因河桥头堡阵地。装甲

德军从布拉格撤退

部队越过富尔达河，占领米尔豪森、戈塔和苏尔。4月10日，第3集团军向穆尔德挺进，装甲部队把埃尔富特、魏玛、耶奈和格拉等重镇包围，推进到克姆尼茨近郊。21日，战役结束。

5月4日，巴顿派第90步兵师、第5步兵师和第2骑兵团进入捷克斯洛伐克，控制山口。5月5日，第12军占领林茨。5月6日，第3集团军战斗了1天后，等待盟军进入布拉格。

10月2日，巴顿被撤销第3集团军司令官和巴伐利亚军事长官的职务。

12月9日，巴顿在外出打猎途中遭遇车祸，于21日在德国海得尔堡伤重去世。

再来看北非战场。

1942年11月8日，10余万美英联军分乘664艘军舰和运输船在阿尔及尔、奥兰和卡萨布兰卡分别登陆，仅受到了法国维希政府的轻微抵抗。

盟军在北非的登陆无疑给了希特勒当头一棒。

希特勒知道，与被打败的法国维希政府联合是不切实际的。11月10日下午，希特勒坚决向法国维希政府要求将突尼斯的各港口和空军基地交由德意部队使用。会谈后不久，希特勒命令德军同意军于午夜开进未被占领的法国地区，夺取了突尼斯的原法国海空军基地。

至11月底，开往突尼斯的德军已达1.5万人，100辆坦克，从的黎波里经陆路开来意军近1万人。

希特勒一边加紧增兵，一边让德意军队猛打猛冲。

12月9日，希特勒任命阿尼姆担任第5装甲集团军的总司令，把包括突尼斯和比塞大在内的两个环形阵地扩充为一个桥头堡，建了200千米长的一连串防卫哨。

这给盟军在北非的行动设置了巨大的障碍，成为盟军日后不得不硬啃的硬骨头。

同时，希特勒想抢夺法国的土伦舰队。土伦舰队的法海军于11月下句被迫将 73 艘军舰凿沉。

希特勒入侵法国，使北非的法军大为震惊。在维希首脑贝当的默许下，11 月 11 日，在北非视察的法军总司令达尔朗宣布，脱离法国维希政府，停火，加入联军。

至 11 月中旬，盟军占领整个阿尔及利亚和摩洛哥，随即向突尼斯推进。至 12 月 1 日，北非登陆的盟军共有 25.3 万余人，其中英军 10 万余人、美军 14.6 万余人。

隆美尔告别的黎波里

从 1942 年 11 月 4 日至 1943 年 1 月底，蒙哥马利指挥英国第 8 集团军追击了 2400 多千米，将德意联军从埃及赶到了突尼斯。但却未能歼灭德意联军的主力。

1942 年 11 月 8 日，隆美尔得到报告，一支 10 万规模的盟军将在阿尔及利亚和摩洛哥登陆。隆美尔马上明白了，这支规模庞大的敌军将从另一方面朝他进攻，但他却缺乏轴心国其他部队的支援。

希特勒马上出兵攻占了突尼斯，并要求隆美尔在适当地方建立防线。墨索里尼更要求隆美尔建立新的防线。

隆美尔感到前途无望。11 月 13 日，他无奈地对身旁的部下说："如果我是柏林的报社老板，能够每夜安然入眠，就不需要承担现在的重任了。"

隆美尔不管希特勒和墨索里尼的命令是什么，立即撤退，主动放弃了利埃边界的哈法亚隘口和托布鲁克，不断西撤。

这时德意联军的燃油严重短缺。11 月 17 日清晨，运送燃油的德国轮船"汉斯阿尔普"号被英国潜艇炸沉。凯塞林空运了近 100 吨汽油给德意

进行侦察的意军侦察机

联军,这样德意联军才撤出了班加西。

到达利比亚北部重要的港口阿杰达比耶时,德意联军又发生了燃油危机。隆美尔难过地躺在指挥车中,不知道怎么办好。

11月21日,隆美尔对部下们说:"真不敢期望我们会有什么好运,除非能有奇迹出现。"

奇迹真的来了。一个空军侦察人员侦察到从阿格拉至卜雷加一线的海岸边漂浮着很多的箱子和油桶。它们是遭到英国潜艇袭击的"汉斯阿尔普"号油船上的货物。

隆美尔听说后大喊:"真是天无绝人之路,赶去下海捞上岸!"有了这些残存的燃油,德意联军于23日安全地撤离了阿杰达比耶,退守卜雷加一带。至此,隆美尔在没有遭受更大损失的情况下从阿拉曼撤退了1300千米。

德意联军逃到卜雷加后,蒙哥马利立即制定了"就地消灭敌人"的作战计划——不发动正面进攻,而是压制德意联军,并派出一支强有力的部队作远程迂回侧击,将隆美尔的退路堵死。

在卜雷加防线上,隆美尔对每一个阵地都认真地视察。

隆美尔马上得出一个结论:卜雷加防线无法长期坚守。

卜雷加防线长 160 千米,几乎是阿拉曼防线的 1.5 倍。阿拉曼防线埋了近 50 万颗地雷,还有机动部队和重武器装备,可现在只剩 3.2 万颗地雷,缺少机动部队来阻止英军的迂回进攻,德意联军的重型武器和反坦克炮快损失光了。要坚持卜雷加防线几乎难于登天。

隆美尔将自己的结论立即报告给德国和意大利的最高统帅部。墨索里尼要求他坚守卜雷加防线,希特勒也要求他坚守卜雷加防线,并命令隆美尔服从意大利巴斯蒂柯元帅的命令。隆美尔使尽各种办法,企图说服希特勒和墨索里尼改变命令。

隆美尔对反对的争论厌烦透顶。11 月 29 日,隆美尔自作主张地飞往柏林面见希特勒。晚上 8 时,隆美尔伤心地走出了希特勒的办公室。

11 月 30 日下午,隆美尔在罗马参加了墨索里尼主持的作战会议。在会上,隆美尔与墨索里尼发生了暴雨般的争吵,后来双方达成协议。墨索里尼要求,只有隆美尔在认为蒙哥马利就快进攻卜雷加的时候,才允许隆美尔退守的黎波里以东 360 千米的布厄艾特防线。

12 月 2 日清晨,隆美尔回到利比亚。这时,他非常疲惫,与希特勒的谈话使他感到绝望,相比之下他认为墨索里尼比较通情达理。回到卜雷加防线后,隆美尔就忙于收集燃油,准备撤退。

当蒙哥马利获悉隆美尔将会撤退的时候,决定提前发动进攻。蒙哥马利命令第 51 高地师于 11 日晚对卜雷加主阵地发动猛烈进攻,想牵制住德意联军。全面攻击定于 14 日进行。

负责迂回侧击的新西兰师由卜雷加防线南端绕过去,向前推进 360 千

第七章 德军千里大溃逃

在北非的新西兰步兵

米，在 12 日发动攻击。可是很多事情都漏洞百出。

英军的正面进攻开始后，隆美尔指挥部队撤离了卜雷加防线。英军的炮火猛烈地轰炸，12 日英军冲上来后发现，阵地上的德意联军都逃跑了。而担任侧击的新西兰师也没有完成任务。因为隆美尔早就逃掉了。

德意联军退守布厄艾特防线。隆美尔刚到达该防线，就说它的南部防线无法抵抗住迂回夹击，准备退守的黎波里以东的霍姆斯—加里安防线。

墨索里尼听说这件事后，12 月 19 日立即发来电报："尽全力要抵抗。我再说一遍，要用布厄艾特防线上的所有德意部队来抵抗！"

英军破译了墨索里尼的命令，蒙哥马利欣喜若狂。蒙哥马利的计划非常简单：摧毁德意联军在布厄艾特的防线，再向前进攻的黎波里。

蒙哥马利的进攻计划定于1943年1月15日实施。由第30军进攻，其第50师和第51师从海岸发动进攻，其第7装甲师、新西兰第2师绕到隆美尔防御阵地的南侧，再向的黎波里进发。

蒙哥马利准备打一场时间较短的战役，要求这个战役10天内结束。为了组织强大的装甲部队，蒙哥马利将留在后方的第1装甲师的坦克全都调了上来，已经集中了450辆坦克。这时，英军的后勤补给线变得很长，他被迫花很大的精力组织后勤供应。

1943年1月初，几次大风暴破坏了英军后方的重要港口班加西港的防护堤。很多运输船沉没，或者受到重创。后来，英军采取了许多补救措施，恢复了后勤供应。

隆美尔正在积极准备退出布厄艾特防线。12月31日，面对严峻的形势，墨索里尼同意：德意联军受到被歼灭的威胁后，要边打边退，一定要

大批盟军M4谢尔曼坦克运到北非战场

第七章 德军千里大溃逃

坚持3周，以使意大利人彻底破坏的黎波里。

1月15日，英军按计划发动进攻。隆美尔要求第15装甲师出动为数不多的几辆坦克断后，其他部队全速撤退。

第1天德意联军撤退65千米，第2天夜里又撤退了80千米。隆美尔在开战后的3天时间内到达墨索里尼期望他坚持3周后才准到达的霍姆斯新防线。

霍姆斯防线是的黎波里的最后一道防线，隆美尔还没有来得及做防御准备。英军就跟上来了。

1月19日，隆美尔被迫用炮火阻止英军的坦克进攻。当他听说英军的迂回部队正朝他的后方开来时，于当天夜里撤离了霍姆斯防线，这等于放弃了的黎波里。

意大利人连忙炸毁的黎波里的许多设施和弹药库，爆炸声彻夜震撼着的黎波里。1月23日，英军的先头部队，第11轻骑兵师、第50皇家坦克团和第1高地师占领了的黎波里，没有来得及销毁或者运走的近千吨军用物资成了英军的战利品。

中午，没有来得及撤退的意大利军政人员向蒙哥马利投降。

1月25日，德意联军到达突尼斯南部。26日凌晨5时59分，德意联军冒着倾盆大雨越过边境来到突尼斯。6小时后，隆美尔来到了德意联军在突尼斯设立的司令部。

蒙哥马利来到的黎波里后，立即组织部队开始恢复港口的吞吐能力。由于的黎波里港口的恢复使用，英军的后勤供应情况得到了彻底改善。

不久，英军先头部队接近隆美尔的新防线——马雷斯防线，双方在马雷斯形成对峙。

从1942年11月4日至1943年1月底，蒙哥马利指挥英国第8集团军追击了2400多千米，将德意联军从埃及赶到了突尼斯。但却未能歼灭德意联军的主力。

德意联军退守突尼斯

蒙哥马利指挥的英国第8集团军在东部，艾森豪威尔亲自指挥的盟军在西部，已经形成了密切的战略协同，形成东西并进的态势。盟军最高司令部的重组更有利于指挥作战。

这时，轴心国在非洲只剩下最后一块领地——与欧洲距离遥远的突尼斯。

艾森豪威尔指出，在东段，突尼斯的情况并不好。

事实上，"火炬"战役胜利后并没有实现预期效果。若当时制订作战计划的时候胆子更大一些，登陆的地点选得靠东一些，或者盟军的进攻更加猛烈些，那么盟军就可以乘胜抢占突尼斯，德意联军就无法在突尼斯建立一个桥头堡了。

这个桥头堡包括突尼斯和比塞大的两个环形阵地，由比塞大西去约32千米的海岸蜿蜒到东海岸的昂菲达维尔。

桥头堡分为北、中、南3个阵地，各有1个师坚守。坚守该桥头堡的德意兵力最后增加到了25万人以上。轴心国和同盟国都加大了对突尼斯的重视。

当英军对隆美尔进行千里追击时，艾森豪威尔正在指挥盟军全速向突尼斯进发。

盟军在西北非成功地登陆以后，轴心国在非洲所拥有的最重要的港口是滨泽特和突尼斯，其次是远在南部的斯法克斯、加贝斯。

的黎波里是个很好的港口，可是轴心国的船只驶往的黎波里，几乎在马耳他岛英国航空兵和英国皇家海军的攻击下经过，所以起不到多大

艾森豪威尔与登陆北非的盟军士兵

的作用。

结果,双方都把注意力集中在突尼斯的北部。盟军若能抢先占领突尼斯城和滨泽特,轴心国在非洲的部队就几乎被切断了海上的补给线和逃生之路,那么德意联军覆灭的日子就不远了。

所以,艾森豪威尔将快速占领突尼斯北部看成是主要战略目标,命令英国的安德森将军指挥第1集团军从阿尔及尔火速朝东推进。

安德森将军和他的部队几乎都是英国人,他们接受了这项重任。登陆成功后,第1集团军就于11月11日从陆、海两路向东快速推进,依次占领了季杰利、菲利普维尔和波尼3个港口,又深入内陆攻占了君士坦丁堡等地。

不过，安德森在推进中遇到了很多困难。

一是安德森的兵力不足。因为缺少船只，很难从海上给他运来大批援军。艾森豪威尔曾经命令在奥兰登陆的美国部队抽调尽量多的部队支援安德森，可是这个命令并未得到很好的执行。这样，安德森只能靠速度和勇敢来完成任务了。

二是盟军的摩托化装备缺乏，从阿尔及尔向东通往突尼斯城的单轨铁路，路况不好，很难使用。

三是老天捣乱。安德森率军向东推进不久，就受到大雨的袭击，道路泥泞十分难走。临时建起的机场跑道多数无法使用，空军很难提供强有力的空中支援。

安德森的部队一连几天在孤立中奋勇前进。在苏克—阿赫腊斯和苏克—艾尔巴，安德森的部队与希特勒派来攻占突尼斯的德意联军发生了激战。

11月下旬，艾森豪威尔把总司令部从直布罗陀搬到了阿尔及尔。随后，他来到前线视察。这时，轴心国空军控制着战场的制空权。艾森豪威尔看到，盟军的前线部队处于德国空军的严密监视之中。

在与卡车司机、工兵和炮兵们的交谈中，艾森豪威尔经常听见人们抱怨："我们那些空军跑哪儿去了？怎么到处都是德军飞机？"

来到安德森的指挥部后，艾森豪威尔看到，因为严寒和污泥，所有的军事行动都在有限的少数几条道路上进行，这些道路已经相当难走，物资和弹药的运输十分困难。

不过，艾森豪威尔的情绪仍然乐观，决心把占领突尼斯城作为送给盟国人民的新年礼物。艾森豪威尔说："这是一场大赌博，赢了能够得到一笔巨大的收入，所以我们要尽全力把战场上能调来的一切官兵完全投入支援安德森将军。"

安德森将军信心大增。

在阿尔及尔海滩登陆处的英军

艾森豪威尔回到阿尔及尔后，给美国的马歇尔将军发了一份电报，说："盟军现在的目标就是要继续向前进攻，一定要把敌人压缩到比塞大要塞，重重包围，尽量阻止其突围或者重大反攻。接着，我想集中盟军的一切可能集中的力量……给德意部队狠狠一拳，为最后的决战奠定胜利的基础。"

当艾森豪威尔的电报于12月1日到达马歇尔那里时，突尼斯前线的局势恶化了。德军的第10装甲师秘密地到达突尼斯，瓦尔特·尼林将军为德国统帅部计划的一场反攻做了大量准备工作，不仅想把盟军赶出突尼斯，还要把盟军撵出在法属北非所占据的据点。德军发动了强有力的局部反攻，安德森被迫撤出突尼斯城前面的许多前沿阵地。

在这次局部撤退中，安德森率领的第1集团军失去了美国第2装甲师中B战斗群的主要装备。美国第1步兵师中的第18步旅队遭受重大损失，

1个英国团的整整1个营全军覆没了。

12月3日晚9时15分,安德森将军忽然来到艾森豪威尔设在阿尔及尔的司令部,把情况向艾森豪威尔报告。安德森说在突尼斯的盟军已经到了战斗力低下的地步。

艾森豪威尔感到震惊。安德森将军请求允许放弃交通中心——迈杰兹—达巴。艾森豪威尔马上拒绝了。

艾森豪威尔没有了解到真实情况,他命令安德森发动反攻,反攻时间为12月24日。艾森豪威尔每天24小时忙着调兵遣将,他认为只要天气好了,就能够攻占突尼斯东北部。可是从前线传来的报告使艾森豪威尔失望,天气没有好转,而且越来越糟糕。

22日,艾森豪威尔乘车驶向前线。24日,他来到安德森的指挥部。安德森伤心地说:"根据我的判断,大概6周内无法发动进攻。"

艾森豪威尔决定与安德森一起去前线视察,然后再商讨对策。

半路上,艾森豪威尔看到一起事故。在距离公路约10米远的一块小麦地里,一辆摩托车陷在泥里。4个英国士兵正在想办法将它拽出来,他们费了很大的力气,但摩托车陷得更深了。他们瘫坐在烂泥坑里。这只是前线情况的一个缩影罢了,使艾森豪威尔相信的确无法进攻。

艾森豪威尔赶回阿尔及尔的司令部,被迫决定无限期推迟进攻。他命令安德森整顿和增加防线,把部队集中起来重组部队,在当地人中征召预备队,以保护盟军的南翼。

而抢占突尼斯北部的计划拖到1943年春季,待天气好转以后再进攻突尼斯北部。轴心国控制突尼斯已成定局,迫使艾森豪威尔变速战速决的战略方针为稳扎稳打的战略方针。

1943年1月14日,英美首脑在卡萨布兰卡会谈,决定建立北非战区,由美国的艾森豪威尔将军担任总司令,英国的亚历山大将军担任副总司令。

在卡萨布兰卡会议期间，罗斯福和丘吉尔等人合影

北非盟军重组为第 18 集团军群，下辖安德森率领的英国第 1 集团军、蒙哥马利率领的英国第 8 集团军、弗雷登道尔率领的美国第 2 军和部分法军。亚历山大担任集团军群的司令，负责指挥盟军在北非的地面部队。

英国第 8 集团军到达马雷斯防线以后，蒙哥马利积极准备，企图一举摧毁隆美尔设立的防线。艾森豪威尔抓紧对盟军进行部署，改建了机场以运送增援部队和补给。

从南部的加夫萨至丰杜克的漫长防线是最危险的阵地，这个防线由美国第 2 军坚守。亚历山大暂时无法到达这个防线，艾森豪威尔只好自己来到防线视察。

那时总的形势对盟军是有利的，蒙哥马利指挥的英国第 8 集团军在东部，艾森豪威尔亲自指挥的盟军在西部，已经形成了密切的战略协同，形成东西并进的态势。盟军最高司令部的重组更有利于指挥作战。

但在空间上却有利于轴心国，隆美尔的德意联军退守突尼斯后，在马雷斯防线上部署了兵力。隆美尔和德军指挥官冯·阿尼姆共拥有 14 个师的兵力，包括 3 个德军装甲师和 1 个意大利装甲师。

德意联军位于内线，可以以拿破仑式的双重出击，先打退一路盟军，再调过头来收拾另一路盟军，即内线作战优势。

可是，德意联军的内线作战优势被混乱的指挥体系破坏了。希特勒和墨索里尼决定把非洲的德意部队重组为一个集团军群。当时，隆美尔是集团军群司令的最佳人选，但墨索里尼对他的撤退非常不满。希特勒的参谋们也反对重用他。

1943 年 1 月 26 日，意大利最高统帅部给隆美尔发了一份电报。意大利最高统帅部说，由于隆美尔的健康状况不好，由梅塞将军接替他的职务。梅塞是意大利将军，曾经在苏德战场上指挥意大利远征军入侵苏联。

隆美尔对重用意大利人十分不满，而且他不喜欢突尼斯北部德意联军的冯·阿尼姆将军。结果，德军会师后的力量没有加强，反而由于指挥关

北非战场上的隆美尔

系紊乱和人事因素，而大大削弱了。

隆美尔根据命令应该告病回到德国，可他拒绝离开。当时，隆美尔正在等待战机，对盟军进行反击，以雪前耻和回敬墨索里尼和希特勒对他的种种责难。

艾森豪威尔和蒙哥马利的东西攻势缩小了对突尼斯的德意联军的包围圈。包围圈的口袋正在收紧，可是进展不顺利。

1943年2月中旬，艾森豪威尔巡视了盟军的南部防线。从南部的加夫萨至丰杜克的漫长战线被认为是最危险的地带。那里由美国第2军坚守。但第2军自上而下都存在着苟且偷安的心理。除了没有加强前线的防御工事以外，军官们都缺乏训练和沙漠作战经验。

有些部队来到前线两天后竟没有埋设地雷。第2军的第1装甲师被分散部署，没有集中利用。

结果，为隆美尔发动反攻制造了良机。

隆美尔的最后一搏

隆美尔发动的这次进攻使美军遭到重大损失。美国第2军损失1/3的兵力，260辆坦克被摧毁或者被缴获，这是美军在北非战场上遭受的最大的损失。这一天，骄横一世、目中无人的美国人蒙受了耻辱，这是历史上美军最惨的败仗之一。

隆美尔在被撤职以前，已经发现了新的战机。那时位于隆美尔的部队正面的英国第8集团军还没有做好进攻马雷斯防线的准备，因此对隆美尔暂时构不成威胁。

蒙哥马利在占领的黎波里后，忙着恢复的黎波里港口的吞吐量，发动一场大规模的进攻需要准备一段时间。

位于西面的安德森率领的英国第 1 集团军和弗雷登道尔率领的美国第 2 军严重地威胁着隆美尔的后方。

隆美尔决定利用位于两股敌军之间的中心优势，先以背后迂回包围的方式击败后面的盟军，再回头进攻蒙哥马利。这是非常好的计划，可在实施的时候却遇到很大的困难，隆美尔没有权力指挥第 5 装甲集团军，而隆美尔与阿尼姆又无法配合。

隆美尔的反攻计划被盟军情报机关破获，可他们弄错了隆美尔的主攻地点。

结果，艾森豪威尔和英国第 1 集团军司令安德森都以为隆美尔的主攻地点位于丰杜克附近。为此，艾森豪威尔在丰杜克防线的后方集结了重兵。

1943 年 2 月 14 日，隆美尔发动了代号为"春风"行动的攻势。

美国第 2 军的军长弗雷登道尔身材矮小，敢说敢讲，对上司和下属讲

蒙哥马利和艾森豪威尔用望远镜远眺墨西拿海峡对面的西西里岛

第七章 德军千里大溃逃

话一样粗野，遇事容易急躁，有时根据不足就下了结论。

弗雷登道尔的作战指挥经验不足，很少到前线去视察。他对安德森非常反感，但这次对安德森的命令却毫无怨言地表示服从。

然而，弗雷登道尔根本没有采取积极有效地措施改善增加防御。

没想到，北面阿尼姆指挥第5集团军竟从弗德山口朝美国第2军阵地发动了主攻，德国第10装甲师和第21装甲师两面夹攻，占领了锡迪布齐德。美国第1装甲师受到重创。美第2军溃败。

15日，隆美尔的部队在南面占领了加夫萨，向费里亚纳进发。17日，占领了费里亚纳。

隆美尔准备从费里亚纳向西北进发，到达阿尔及利亚的特贝萨，从而割断英美盟军的补给线，将战术性胜利变成战略性胜利。

隆美尔得到了在罗马的德国南线总司令凯塞林的空中支援，但得不到阿尼姆的支持，阿尼姆指挥着德国第5集团军。经过反复求助，隆美尔得到了第10装甲师和第21装甲师的指挥权，却被迫首先攻打东北面的勒凯夫。

就这样，隆美尔进攻的是盟军的正面而不是偷袭其背后。隆美尔气得火冒三丈，因为这意味着离盟军战线近得不能再近，德意联军很难战胜强大的敌军。

2月19日凌晨2时30分，隆美尔率部向勒凯夫方向推进。2月20日，德意联军占领卡塞林关隘，迅速向勒凯夫南面的塔拉挺进，结果被盟军的增援部队挡住了。

2月22日，隆美尔正下令部队撤退。尽管隆美尔发动的进攻战果辉煌，但却没有实现迫使盟军撤离突尼斯的战略目标，如果隆美尔担任德意联军的总指挥，那么他就可以按自己的计划行事了，那样德意联军就有把握占领拥有大量补给储备的美军基地和机场，使盟军无法守住他们在突尼斯的防线。

隆美尔发动的这次进攻使美军遭到重大损失。美国第2军损失1/3的兵力，260辆坦克被摧毁或者被缴获，这是美军在北非战场上遭受的最大的损失。

这一天，骄横一世、目中无人的美国人蒙受了耻辱，这是历史上美军最惨的败仗之一，这是不容争辩的事实。与彬彬有礼的英国人相比，更使美国人显得狼狈不堪。

暴跳如雷的艾森豪威尔解除了弗雷登道尔的职务，命令巴顿少将担任美国第2军军长。巴顿早就想与隆美尔一争高下，巴顿说："对隆美尔的书和报道我不知道读了多少遍，研究过他的每个战役，对他非常熟悉。我一生中最大的愿望就是与他决一雌雄。"

2月23日，希特勒任命隆美尔为新组建的集团军群司令，下辖阿尼姆的第5装甲集团军和梅塞的意大利第1集团军（即隆美尔的非洲装甲集团军）。

隆美尔取得兵权后，决定率先向蒙哥马利的第8集团军进攻。可是，蒙哥马利却从"超级机密"提供的情报中知道了隆美尔发动进攻的方向和准确时间。

蒙哥马利从海岸将重炮和精锐部队秘密调到隆美尔发动进攻的突破口的梅德宁地区，部署了近4个机械化师的兵力、400辆坦克、350门大炮和470门反坦克炮，建立了牢固的防线。

3月6日凌晨，隆美尔集中了160辆坦克，在200门大炮和1万名步兵的支援下，向梅德宁发动进攻。

上午8时，当德军装甲部队到达距离梅德宁地区的一座山脊上时，蒙哥马利秘密部署的近500门反坦克炮突然发动猛烈轰击。中午，德军装甲部队难以向前突破。从英军俘虏和缴获的文件上证实，英军事先对德军的行动计划的每个细节都十分清楚。

下午5时，隆美尔下令停止进攻。德军损失了50辆坦克。隆美尔感

英军士兵正在学习使用 37 毫米反坦克炮

叹道:"当我们的军事计划泄密的时候,我们就注定会失败,所以这次突袭行动已经失去任何意义了。"

早在 1 周以前,隆美尔曾经向凯塞林报告说,他对突尼斯的局势感到绝望,这也是阿尼姆和梅塞的看法。

隆美尔报告说:德意联军正防守着东西两个战线长达 650 千米的防线,他们面对的盟军具有 2 倍的兵力优势和 6 倍的装备优势。德意联军被迫分散防守,陷入被围歼的境地。

隆美尔的这次反攻失败了,但德意联军的收获却大大弥补了损失。德意联军以伤亡千余人的代价歼灭美军 300 多人,俘虏 4000 人,击毁盟军坦克 200 辆,缴获 60 多辆。

蒙哥马利指挥第 8 集团军向马雷斯防线缓慢推近，盟军还掌握着制空和制海权，德意部队难以获得补给和援军。

进攻失败后，隆美尔得出了结论：对德意联军来说，留在非洲是自寻死路。隆美尔向希特勒提出退回欧洲的计划，希特勒立即拒绝了。

1943 年 3 月 9 日上午，由于旧病复发，隆美尔被迫乘飞机转往罗马，再飞抵德国。临行前，隆美尔对接替他的阿尼姆将军说："一旦发生最坏的情况，我还会回来的。"可是，隆美尔离开后，就再也无法回来了。

隆美尔离开后，盟军的许多军官们欣喜若狂。但巴顿却非常失望，认为是他个人的"重大挫折"。巴顿认为只有战胜隆美尔，才能奠定自己在军事史上的地位。

巴顿曾经对一位朋友说："我花了很多年的时间充实自己，准备对付隆美尔。我的平生愿望就是能够与他捉对厮杀。"隆美尔的病退使巴顿的梦想破灭了，他对非洲战役不感兴趣了。

溃逃途中加贝斯遭重创

4 月 7 日，巴顿又来到前线督战，看到本森的突击队被德军的地雷区挡住了。巴顿不顾部下阻挠，开着吉普车在前边开路，冲过了雷区，突击队顺利通过了。很快，本森突击队就与蒙哥马利的先头部队合师，打通了道路。

在隆美尔离开北非的前几天，1943 年 3 月 6 日，根据艾森豪威尔的命令，巴顿少将接管了第 2 军。巴顿决定提高美军的士气，提高美军的素质和作战能力。

巴顿决定以实际战绩表明，第 2 军的官兵们能够对付德国、意大利

"非洲军团"的老兵,一点也不比英军差。

要做到这一点是很难的,巴顿心里明白,这要求他必须重新训练和装备第2军,使官兵们从失败中吸取教训,恢复信心和自尊。

艾森豪威尔对巴顿的工作给予了高度的评价,表示一定支持他的工作,支持巴顿毫不留情地对不称职的军官进行撤换。

巴顿来到了伊斯坦布尔,向第18集团军群司令部报到。巴顿见到了亚历山大,双方进行了整夜会谈。亚历山大认真地向巴顿下达了他的任务:约2周后,蒙哥马利的第8集团军向马雷斯防线发起攻势,到时,第2军的任务是援助第8集团军进攻加贝斯平原的行动,第2军必须尽量多地牵制德意联军。

亚历山大对美军的能力持怀疑态度,为了避免美军重蹈惨败的覆辙,

北非战场上美军士兵实施救援

他对巴顿的第 2 军做了详细的部署：由西多塞尔出发到达东多塞尔，占领通向加贝斯道路上的交通中心加夫萨占领梅克纳西。就是说，第 2 军的任务只是牵制海岸平原上德意联军的侧翼，到多塞尔停止前进。

亚历山大将军事进攻的日期定为 3 月 17 日，巴顿只有 11 天的时间训练第 2 军，同时做好战斗准备。

根据多年的指挥经验，巴顿知道，一支不守纪律、军容不整的军队是不可能打胜仗的。为此，巴顿决定先从整顿军纪着手，采取"不民主、非美国"的严厉措施，对这群"民主人士"进行严厉压制。

巴顿从严格的作息时间抓起，并以身作则。接着，巴顿下达了强制性的着装令，规定：只要在战区，每个官兵必须戴钢盔、系领带、打绑腿，后勤人员也不能例外。这一命令也适用于战区的许多医务人员、修理工。巴顿发现，当你动别人的钱包时，别人才会真正听话。因此，凡是违反命令的人一律交罚金或者按军纪处置。

巴顿的强制措施遭到了许多官兵私下的反感和谩骂，可是这样做改变了第 2 军，改变了拖拖拉拉的作风，第 2 军的精神面貌焕然一新。

巴顿以他特有的方式激励第 2 军的官兵。巴顿乘坐吉普车似旋风般地穿梭于所有的部队，很远就按响喇叭，表示自己来了。巴顿到处大喊大叫，发表危言耸听的演讲，向美军灌输仇视德军的情绪，还掺杂着不三不四的脏话和下流的话。

巴顿的目的实现了。巴顿把战斗精神输入第 2 军，用尚武精神武装官兵们的思想。有些官兵恨他，但大多数官兵尊重他，并开始向他学习。第 2 军有了铁一样的纪律，官兵们逐渐恢复了勇气。

就这样，第 2 军的面貌已经变好了，官兵们装备优良，士气大振，严守军纪。第 2 军变成了真正的军人，进入了巴顿所说的"战斗状态"。

1943 年 3 月 12 日，巴顿的好运来了，晋升为三星中将。

巴顿个性率直，为人豪放。巴顿担任第 2 军军长后，对布莱德雷（又译布雷德利）将军在第 2 军中的身份强烈的不满。

布莱德雷是个优秀的军官，为人谦逊善良，大脑清醒，凡事都从实际出发，在战场上对全局和重点的把握十分到位，是美军中一员不可多得的儒将。

1943 年 2 月 24 日，布莱德雷来到了北非，成为盟军总司令艾森豪威尔的助手。由于突尼斯前线盟军接连战败，艾森豪威尔派布莱德雷去第 2 军掌握情况，担任联络官。

就这样，布莱德雷变成了艾森豪威尔安插在第 2 军的"耳目"，有权向前线司令官和盟军司令部提出意见。

当时的第 2 军军长弗雷登道尔非常瞧不起他，认为他只是一个向总部

美军士兵在一辆谢尔曼坦克掩护下发动进攻

布莱德雷

打小报告的情报员。

巴顿担任第2军军长后，与布莱德雷相处得很好，十分钦佩他的军事才能。但巴顿无法容忍自己受到监视，于是向艾森豪威尔明确表示，要么让布莱德雷加入第2军司令部，接受指挥，要么把布莱德雷调往别处。

巴顿进一步指出，他想把布莱德雷留下来担任副军长，而不是"窃听器"。艾森豪威尔只好同意了巴顿的建议。

结果，巴顿和布莱德雷成为亲密的伙伴，共同指挥所属部队。事后证明，他们的结合正好取长补短，的确是一对非常理想的合作者。

布莱德雷沉着冷静，学识渊博，经常提出绝妙的军事计划，指挥部队时从不出差错，是一位难得的将军。

巴顿豪放勇猛，多才多艺，能征善战，是一员不可多得的虎将。

3月14日，亚历山大重申了巴顿的第2军仍担负原来的任务，并且多次提醒巴顿：德意联军或许对他的侧翼发起反攻，在任何情况下都不准越过东多塞尔。阻击时行动必须缓慢，不准追得太远。

巴顿心中非常恼火，虽然亚历山大反复叮嘱，可是巴顿并不想完全根据他的计划执行。巴顿决心给德意部队以毁灭性的打击，取得令世人刮目相看的重大胜利，以报卡塞林山口之仇。布莱德雷非常谨慎，多次告诫巴顿要暂时忍耐，首先处理好美英之间的盟友关系。

3月17日，在蒙哥马利发起进攻的前3天。第2军根据亚历山大的计划对敌人发起了进攻。

第2军的任务有两个：

第一，特里·艾伦指挥第1步兵师占领加夫萨，若顺利的话，就能够占领埃尔盖塔，替蒙哥马利建立一个燃料库。

第二，沃德指挥第1装甲师通过卡塞林山口，攻打埃尔盖塔东北的

布莱德雷（中）与巴顿（右）

斯塔欣—德塞内德，若条件允许，向梅克纳西进发。其他部队准备随时增援。

战役打响后，亚历山大和艾森豪威尔亲自来到第2军指挥部监督。巴顿亲自在前线指挥，与第1步兵师一同向加夫萨进发。第1天的进攻非常顺利，第1步兵师冒着大雨前进了72公里，攻占了加夫萨。

18日，第1突击营占领盖塔尔，德意联军仓皇逃跑了。美军终于可以扬眉吐气了，果然这次胜利被美国媒体大肆宣传，巴顿的声誉更高了。

3月20日，在进行了大规模的炮击后，盟军第8集团军第30军在海岸附近发动了正面进攻。由于易守难攻，地形复杂，进攻失败了。

蒙哥马利改变了作战计划，将左翼的佯攻变为主攻。新西兰军队和第10军负责主攻，空军则用强有力的火力支援地面部队。蒙哥马利将这一行动称为"超级炸药"。

由于"超级炸药"需要五六天的时间，蒙哥马利向亚历山大建议，让巴顿的第2军进攻海边，切断德意联军从加贝斯至斯法克斯的主要通道。

亚历山大不敢让美军承担这么大的风险，他下达给巴顿的任务只是：攻占梅克纳西以东的东多塞尔山口，派1支轻型装甲部队捣毁东边16千

美军炮兵用203毫米口径榴弹炮实施炮击

米处的机场。

这时，巴顿正在为没有任务而烦恼，所以高兴地接受了。

21日，沃德指挥第1装甲师攻占了塞内车站。22日，又攻占了梅克纳西。当时，沃德的装甲部队离东多塞尔山口很近，只要发动一次攻势，就能占领山口。

由于沃德优柔寡断，迟迟不肯发动进攻，结果耽误了时间。不久，德军第10装甲师增兵东多塞尔山口，挡住了沃德前进的道路。

这时，巴顿正亲率第1步兵师顺着加贝斯公路朝盖达尔以东快速推进，开始时进展十分顺利。23日上午，德军第10装甲师突然袭击了第1步兵师。第10装甲师在卡塞林山口战役中曾经重创美军，这次还想重创美军。但巴顿不甘示弱，指挥美军阻击德军，战斗非常激烈。

下午，德军再次发起大规模进攻，遭到第2军的顽强阻击。第2军寸土不让，表现得非常顽强。后来，德军被迫撤退。这证明：第2军已经今非昔比了。

亚历山大对巴顿的战绩非常满意，他指出，巴顿的主要任务是拖住德军第10装甲师，使它不能回援马雷斯防线。

为此，26日，亚历山大给巴顿下达了新的命令：停止梅克纳西的进攻，第1、第9步兵师和第1装甲师从盖达尔出发进攻加贝斯，第34师占领东多塞尔附近的方迪克，为第8集团军第6装甲师进驻海岸平原打通道路。

德国第10装甲师及其所属部队已经没有退路了。他们明白：撤退就等于德意联军在北非战区的全面崩溃，因此他们只有拼死抵抗。

战斗残酷地进行着，双方都付出了极大的代价。30日，巴顿下令停止进攻，进行休整。很快，巴顿从第1装甲师中抽调精锐，组成由本森率领的特遣部队，再次发起进攻，计划打通加贝斯公路，但再次失败。这时，美军的攻势减弱了。

战斗更加激烈，第2军的伤亡不断加大，士气开始下降了。巴顿知道，检验一个指挥官能力的机会来了。因此，巴顿将艾森豪威尔要求他注意安全的嘱咐抛在脑后，亲自来到前线指挥。巴顿用各种方式鼓舞第2军的士气，命令军官们亲临前线，与士兵们一起进攻。

他反复呼吁本森的突击队朝前冲，直到"打到海边"。本森的突击队只有一个坦克营、一个反坦克营和一个装甲步兵连。

4月7日，巴顿又来到前线督战，看到本森的突击队被德军的地雷区挡住了。巴顿不顾部下阻挠，开着吉普车在前边开路，冲过了雷区，突击队顺利通过了。很快，本森突击队就与蒙哥马利的先头部队会师，打通了道路。

为了阻挡第2军的疯狂进攻，德军把精锐第2装甲师调离了马雷斯防线。巴顿的进攻有力地支援了蒙哥马利对阿卡里特河阵地展开的正面进攻。双方决战的时刻来到了。

4月14日，艾森豪威尔通知巴顿：由副军长布莱德雷接替巴顿担任第2军军长，巴顿回到摩洛哥继续制定进攻意大利西西里岛的计划。

就这样，巴顿未能参与突尼斯战役的最后进攻。巴顿感到很遗憾。

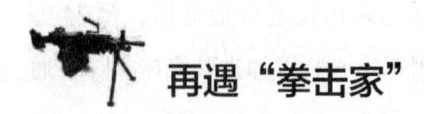

再遇"拳击家"

亚历山大发现代号为"铁匠"的进攻计划没有取得成功，没在任何一个地方取得突破。但德意联军为对付盟军的这次进攻耗尽了他们少得可怜的物资。

针对德意联军的马雷斯防线，1943年3月中旬，亚历山大制定了新的军事计划，对盟军的兵力进行了重新的部署。

第七章　德军千里大溃逃

德军第 15 装甲师的坦克预备队

坚守马雷斯防线的意大利第 1 集团军司令梅塞将军指挥 6 个师，包括 2 个德国师，约为 8 万人。德军第 15 装甲师作为预备队。第 1 集团军装备了 150 辆坦克、680 门火炮。

英国第 8 集团军由第 10 军、第 30 军和新西兰军组成，下辖 4 个师步兵师，2 个装甲师又 10 个装甲旅，装备了 610 辆坦克、1410 门火炮，还有 22 个空军中队配合作战。

为突破马雷斯防线，蒙哥马利早在 1942 年底组织了对马雷斯防线的侦察。一支"沙海远程侦察组"于 1943 年 1 月向蒙哥马利报告说，他们发现了一个能够实施翼侧包围的隘口，根据发现者的名字将这一隘口称为"怀尔德隘口"。

通过大量的侦察，蒙哥马利积累了关于马雷斯防线的许多情报，在这个基础上制订了了进攻计划，代号为"拳击家"。

根据"拳击家"计划，第 30 军的 3 个步兵师进攻防线东翼，在近海地区打开一个防线缺口。第 10 装甲军通过防线缺口处发起进攻。同时，新西兰军从西翼绕到迈特马泰山发起进攻,对德意联军后方造成威胁,从而牵制德意联军的后备力量。

3月20日晚,英军第30军在接近海岸的狭窄沼泽地带发动了强攻,但没有取得重大突破,仅在德意军队的防线打开一个很小的缺口。

21日夜间,增援部队赶到后,英军再次发起进攻,缺口稍微扩大。反坦克炮受到沼泽地及地雷的阻滞,没有跟上,英军的前沿步兵阵地在没有得到支援的情况下被德军的反攻摧毁。

英军从正面发起的进攻失败,退回出发阵地。由于初战失败,蒙哥马利立即改变了原计划,把主攻地点转移至内陆侧翼。

蒙哥马利命令英军第10军和第1装甲师于23日夜增援受阻于普卢姆山峡的新西兰军。

印度第4师由梅德宁地区向内陆侧翼进发,牵制德意联军侧翼的兵

英国第8集团军炮兵阵地

力，打通另一条进攻线。新计划的代号是"增压2号"。

增援部队赶到后，26日下午4时，英军在空军的支援下发动突然进攻。德意联军无法抵挡英军的强大攻势，在即将被包围的情况下，被迫向北退守瓦迪阿卡里特。

3月28日上午9时，英军越过马雷斯防线，通向突尼斯的道路打通了。

4月7日，英国第8集团军进攻瓦迪阿卡里特防线的德意联军，英军与美国第2军先头部队会师，把德意联军包围。德意联军主动放弃了阵地继续向北撤退。

4月13日，德意联军退到在突尼斯的最后一道防线昂菲达维尔—蓬德法斯一线。就这样，德意联军在突尼斯东北部只剩一个南北130千米长、东西60千米宽的阵地。

14日，英军第8集团军追到昂菲达维尔防线。

4月16日，亚历山大宣布代号为"铁匠"的进攻行动开始。

1943年的时候，根据亚历山大的"铁匠"计划，盟军将兵分四路向德意联军进行向心进攻。

第1路是蒙哥马利指挥的英国第8集团军，越过昂菲达维尔向北进攻哈马特和突尼斯，以防止德意残余部队退守那里，进行持久战，尽量多地吸引德意联军的兵力，有效地支援盟军的主攻。

第2路是法国第19军，位于安德森的右翼、蒙哥马利的左翼，对德意联军发动进攻，对当面之敌保持压力，趁安德森和蒙哥马利两路大军发起总攻之时扩大战果。

第3路是安德森的第1集团军，这一路是主攻方向。第9军在蓬杜法赫与古拜拉特之间发动进攻，替装甲部队打开通道。第5军在迈杰兹巴卜发动进攻，进攻由德军第334师坚守的长达25千米阵地。

第4路是美国第2军，在更北的阵地发动强大的进攻。

4月19日，蒙哥马利指挥第8集团军的3个步兵师向昂菲达维尔防线发起突击，想把德意联军"撵走"。蒙哥马利认为德意联军将调去增援突尼斯城的防御，没有想到德意联军在昂菲达维尔防线上伏有重兵。

当时，德意联军在昂菲达维尔防线从左至右部署了德军第90轻装师、青年法西斯师、意军皮斯托巫师、意军斯皮齐巫师、德第164轻装师，德军第15装甲师作为预备队。

德意联军的装甲车辆、油料和弹药非常缺乏，但步兵抱着拼死的决心抗击。根据亚历山大的作战计划，印度第4师先占领加西山，再向西北方向穿越徒峭的小山、高地，向前推进20公里，到达泰拜盖山下的敌反坦克壕防线。

4月19日夜晚，印度第4师已经有4个营参加了激战，但仅在加西山上占领了很小的一块阵地。

为了占领这块阵地，该师死了500人。负责攻占泰克鲁奈地区的新西兰第2师也付出了惨重的代价。

泰克鲁奈是个小山村，村庄的两侧是悬崖，村中的房屋以及高低不平的地势为德意联军提供了很好的火力支撑点。

新西兰第2师进攻发起不久就遭受猛烈的打击，其先锋营的一个排占领泰克鲁奈悬崖的顶部时，全排只有4个人了。这个排俘虏150名德意士兵，击毙了50个德意士兵。

4月21日下，新西兰第2师在粉碎德意联军多次反攻后终于守住了泰克鲁奈，全师伤亡500多人。英军第50师在右侧进行佯攻，伤亡很小。第8集团军的进攻伤亡惨重，但战果却不大。就这样，蒙哥马利将德意联军赶走的企图破灭了。

4月22日，安德森第1集团军第9军在蓬杜法赫与古拜拉特之间发动进攻，其装甲部队在科尔齐亚地区德意联军阵地上突入13千米。

阿尼姆派支离破碎的德军第10装甲师参加战斗，挡住了第9军的进攻。4月22日夜间，安德森第1集团军对迈杰兹巴卜发动进攻，遭到两

第七章　德军千里大溃逃

盟军士兵展示缴获的 88 毫米炮

个德国步兵团的拼死阻击，进展不大，进攻至 4 月 25 日只前进了 10 千米左右。

在最北部进攻的美国第 2 军，在军长布莱德雷的指挥下，远比在巴顿手下时沉稳得多。布莱德雷对第 2 军的管理十分严格，但合情合理，撤销了巴顿所颁布的一些违背人性的条令。

布莱德雷治军时总是耐心说服，而不是逼迫。布莱德雷鼓励参谋人员和下级军官们认真思考，独立解决难题。在布莱德雷的领导下，美国第 2 军成为一支强大的部队。

美国第 2 军部署在安德森第 1 集团军与地中海岸之间约 65 千米长的战线上。第 2 军共有 4 个师，包括一个装甲师。布莱德雷亲自率领第 1 装甲师，准备在关键时刻把装甲师投入决战，以扩大步兵打开的敌军防线的缺口。

4 月 23 日，美国第 2 军发动进攻。盟军总司令艾森豪尔及其副官们来到第 2 军司令部里督战。

第 2 军在整个战线上进展迟缓，每前进一步都经过了激烈的战斗，损失很大，最后突破了德意联军的防御阵地。德意联军边打边退，有计划地向后撤退。

德意联军撤退时还不停地埋设地雷，有时仅在宽 15 米、长 30 米的地方，就埋设了 600 颗地雷。

布莱德雷分别给 4 位师长下达了任务，完成任务的具体细节和方法由师长们自己决定。布莱德雷随时与他们保持联系。每天起床前，布莱德雷都会给 4 位师长打电话，询问各师阵地上的情况，询问他们有什么好的建议。布莱德雷的指挥风格深受师长们的欢迎。

4 月 26 日，美国第 2 军推进 8 千米后受阻。德意联军在一座秃山上修筑了防御工事，根据法国地图上的标高，这座山称作 609 高地。

609 高地是第 2 军整个战线上的制高点，挡住了第 1 装甲师东进的道路。布莱德雷把夺取 609 高地的任务交给赖德的第 34 师，使第 34 师得到

战斗间隙的盟军炮兵

了报仇雪恨的机会。

赖德经过精心策划后发动了进攻，费了很大的代价，攻下了较低的山头，在猛烈的炮火的支援下进攻609高地。

第34师连续发动3次冲锋，都失败了。美国第2军与德意联军形成僵持状态。

亚历山大发现代号为"铁匠"的进攻计划没有取得成功，没在任何一个地方取得突破。但德意联军为对付盟军的这次进攻耗尽了他们少得可怜的物资。

4月26日，德意联军的两个集团军的油料补给已经不够1天的需要，仅剩的弹药也只能打2天了。

5月12日，在亚历山大的精心组织下，盟军消灭了德意残余部队，德军司令阿尼姆被俘虏。

为了提高意大利军队的士气，墨索里尼将意大利第1集团军司令官吉奥凡尼·梅塞将军晋任为陆军元帅。但梅塞已经准备投降了。

梅塞说，只向老资格的英国第8集团军投降，而不向初出茅庐的第1集团军投降。5月13日，梅塞率领残部向盟军投降。

至此，长达3年的北非战役结束了。德意联军被俘虏的人数为27.5万人，其中一半以上是德军。被盟军的飞机、舰艇和潜艇击沉的舰艇为43.3万吨。盟军也付出了伤亡7万人的代价。

通过3年的连续抗战，德国和意大利在非洲战场上共损失了95万人，损失240万吨舰艇、8000架飞机、6200门火炮、2500辆坦克、7万辆车。

同盟国损失26万人，其中英军损失22万人、法军损失2万人、美军损失2万人。战争是残酷的，大量的人员伤亡是无法避免的。同盟国攻占了非洲，从根本上改变了地中海的战局，为以后在意大利西西里岛的成功登陆奠定了基础。

1943年6月，英国首相丘吉尔在胜利归来的蒙哥马利的纪念册上写道：

"敌军在突尼斯全军覆没，最后投降总数达 24.8 万人，这标志着阿拉曼战役以及西北非这个伟大业绩的胜利结束。祝你们在以往成就和新的努力的基础上，取得更加辉煌的胜利。"

　　作为法西斯头目的墨索里尼，率先开辟北非战场，其领导的意大利军连连失败，虽有德国组成的"北非军团"的助战，但仍未能逃脱失败的命运。自德意联军在北非失败后，法西斯轴心国开始分化，意大利向以美英等国为代表的同盟国投降，从根本上改变了第二次世界大战的格局。墨索里尼众叛亲离，携带情妇化装潜逃，途中被截获，经审讯处以死刑，尸体被倒吊在米兰的罗雷托广场的木椽上，成为历史的罪人。